한양 한국어 3 쓰기 연습

HANYANG KOREAN #3
WRITING PRACTICE

양대학교 국제교육원 편

한양 한국어는
외국인과 재외동포를 위한 한국어 통합 교재이다
이 책은 한국어 학습자들이 어휘와 문법 관용 표현을 배우고
듣기 말하기 읽기 쓰기 등의 통합 활동을 통해 의사소통 능력을 기르는 데 목표를 두었다

BY THE HANYANG UNIVERSITY INTERNATIONAL LANGUAGE INSTITUTE

한양대학교 출판부

HANYANG KOREAN 3

WRITING PRACTICE

By the Hanyang University International Language Institute
Textbook Committee: Yumi Lee, Youngsook Lee, Jeonghoon Kim

Published by Hanyang University Press
Add: #17 Haengdang-dong Seongdong-gu, Seoul, 133-791 Korea
Tel: 82-2-2220-1432~4
Fax: 82-2-2220-1435
http://www.press.hanyang.ac.kr
Email:presshy@hanyang.ac.kr

ISBN 978-89-7218-375-4 04710
ISBN 978-89-7218-373-0 [set]

머리말

전 세계적으로 한국어를 사용하는 인구는 약 7,500만 명 정도로 추산된다. 이는 물론 영어, 중국어, 스페인어, 일본어, 독일어의 경우보다는 적지만, 프랑스어보다는 약간 많은 사용자를 가지고 있음을 의미한다. 세계적으로 대략 11위인 것이다.

전세계적으로 한국기업이 진출해 있고, 한국인들이 이민 가서 살고 있기 때문에 한국어는 이제 세계 여러 나라에서 사용되고 있다. 또 그에 따라 한국어를 배우는 인구가 빠른 속도로 늘고 있다. 예를 들면, 지금 산동 해안지역에서는 매년 1000 ~ 3000명 정도의 학생들이 한국어를 배우는 대학도 있다. 일본, 러시아, 몽골, 베트남에서도 많은 사람들이 한국어를 배우고 있다. 또 세계 여러 나라에서 한국으로 와서 한국어를 배우고 있다. 2009년에 본 국제어학원에서 한국어를 수강한 학생들의 국적은 총 38개국에 이르렀다.

이는 한국의 경제력과 학문과 문화 산업의 성장에 따른 결과라고 볼 수 있는데, 매우 뜻 깊은 일이 아닐 수 없다. 왜냐하면, 이것이야말로 5000년의 역사에 걸쳐 우리 민족이 가져왔던, '널리 인간을 이롭게 한다' 는 홍익인간의 이념이 조금씩 실현되고 있다는 증거이기 때문이다. 세계 곳곳에서, 실용적인, 학문적인, 혹은 문화적인 측변에서 한국어 사용 능력의 중요성이 점점 증가하고 있는 것이다.

이러한 다양한 필요에 따라 한국어를 제2언어로 배우려고 하는 분들에게, 이번에 출판하는 중급 단계 〈한양 한국어 3〉이 많은 도움이 될 것을 믿어 의심치 않는 바이다. 한양대학교 국제어학원은 오랫동안 한국어를 제2언어로 가르쳐 오신 전임 교수들을 필진으로 하여 2008년부터 내용과 형식에서 좀 더 학생들의 필요를 적절하게 잘 충족시켜 줄 수 있는 교재를 편찬하기에 이르렀다. 또 영어를 모국어로 하는 학습자 뿐 아니라 중국어, 일본어, 몽골어를 제1언어로 하는 학습자들이 참고할 수 있도록 한국어 문법 설명을 위의 4개 국어로 번역하여 첨부하였다.

좋은 교재 내용을 집필하신 이유미, 이영숙, 김정훈 교수께, 기획과 사업 추진에 헌신하신 최성환 부장께, 그리고 이 교재가 잘 제작되도록 참여하신 한정희, 안정호, 심민희선생(집필보조) 및 다른 분들에게 진심으로 감사를 드리는 바이다. 그리고 사진 자료를 제공해 주신 한국방송광고공사(KOBACO)와 녹음에 협조해 주신 한양사이버대학에도 감사를 드리며, 최고 품질의 교재를 만들 수 있도록 전폭적인 지지를 아끼지 않으신 한양대학교의 김종량 총장님과 피종호 출판부장께도 심심한 감사를 드리는 바이다. 이 책이 한국에서뿐 아니라 해외에서 한국어를 배우려고 하는 학습자들에게 좋은 안내자와 벗이 되기를 바라마지 않는다.

2010년 5월 12일

한양대학교 국제어학원장

교수 안성호

차 례

일러두기

〈한양 한국어3〉은 외국인과 재외동포를 위한 한국어 통합 교재이다. 이 책은 한국어 중급 학습자들이 어휘와 문법, 관용 표현을 배운 후, 다양한 활동을 통해 과제 수행 연습을 하여 의사소통 능력을 키우는 데 목표를 두었다.

- **〈한양 한국어 3〉**은 주 교재, 쓰기연습, 문법과 문형 풀이(별책부록), 듣기용 CD로 이루어져 있다.
- 총 15과로 이루어져 있으며, 각 과는 2개 항으로 구성하여 총 30항으로 구성하였다.
- 단원명은 주제 중심으로 설정하였다.
- 이 책에서는 먼저 학습 목표를 소개하고 수업 단계에 따라 도입과 준비, 어휘 제시와 연습, 문법 제시와 연습, 대화문, 과제(말하기, 듣기, 읽기, 쓰기)의 순으로 구성하였으며, 정리 및 확인 학습은 〈쓰기 연습〉에서 이루어지도록 하였다.

이 책의 구성에 대해 소개하면 다음과 같다.

- **[학습 목표]**에서는 각 단원의 주제와 관련 어휘, 문법, 과제 활동을 소개하였다.
- **[도입]**에서는 그림이나 사진과 함께 질문을 주어 본 수업에 들어가기 전에 학습 목표를 환기 시키며, 학습자들의 내적 동기를 강화할 수 있도록 하였다.
- **[어휘 제시와 연습]**에서는 각 단원의 주제에 관련된 핵심 어휘를 제시하고 질문과 대답을 통하여 어휘 활용을 할 수 있도록 하였다.
- **[문법 제시와 연습]**에서는 목표 문법 항목을 제시하고 이에 대한 설명을 예문과 함께 제시하였으며, 형태 연습, 응답 연습, 상황 연습 등이 다양하게 이루어질 수 있도록 하였다.
- **[대화문]**에서는 주제에 적절한 짧은 담화를 제시하여 충분히 익히도록 하고, 유사한 상황을 제시하여 이를 활용할 수 있도록 유도하였다.
- **[과제1]**에서는 주제와 관련된 말하기 과제를 제시하여 발표와 회화 등 의사소통 능력을 기를 수 있도록 도왔으며, 좀 더 유창하게 말할 수 있도록 하였다. 또한 말하기 활동과 함께 쓰기 활동과의 통합 활동을 도모하고자 하였다.
- **[과제2]**에서는 각 단원에서 배운 기본 내용과 심화된 내용의 듣기 지문을 통하여 한국어 듣기 이해 활동을 도왔으며, 쓰기 활동과의 통합 활동을 유도하였다.
- **[과제3]**에서는 단원의 주제와 관련된 내용의 산문을 제시하였으며, 읽기 텍스트는 작문 과제의 보기 글이 될 수 있도록 하여 말하기와 쓰기 활동과의 통합 활동을 유도하였다.
- **〈쓰기 연습〉**은 별책으로 구성하여 주 교재에서 배운 것을 최종적으로 정리하고 확인할 수 있도록 하였다. 이책은 수업 시간에 교사와 학생들이 함께 공부할 수도 있고, 숙제로 활용할 수도 있다.
- 별책에서는 본 책에서 제시한 문법 설명과 예문을 영어, 중국어, 일본어, 몽골어의 4개 국어로 번역하여 학습자들의 문법과 문형 이해를 도왔다.

이 책은 중급 학습자들에게 한국에서의 일상생활에 필요한 의사소통 능력을 길러 주기 위해 만들었을 뿐만 아니라 학문 목적의 학습자들에게도 유용하도록 내용을 구성하였다. 아무쪼록 이 책이 한국어와 한국 문화를 배우고자 하는 이들에게 두루 활용되기를 기대한다.

제1과 새 학기 〈1〉

이름 : ______________

1. 다음에서 알맞은 단어를 골라 빈칸에 쓰세요.

새 학기	신입생	출석	예습	복습	동아리

1) 오늘부터 ______________ 시작돼서 교과서를 사야 해요.
2) 이번 학기에 처음 온 ______________ 모르는 것이 많아요.
3) 수업 시간에 선생님께서 들어오셔서 ______________ 불렀어요.
4) 집에 오면 수업 시간에 공부한 것을 다시 한번 ______________.
5) 공부하기 전에 미리 ______________하면 수업을 들을 때 도움이 돼요.
6) 학교생활을 더 재미있게 하려면 ______________ 들어가는 것이 좋아요.

2. 다음에서 알맞은 단어를 골라 빈칸에 쓰세요.

들어가다	시작되다	결심하다	일어서다	나누어 주다	궁금하다

1) 방학이 끝나고 오늘부터 새 학기가 ______________.
2) 새 학기에는 날마다 예습, 복습을 하기로 ______________.
3) 태권도 동아리에 ______________ 먼저 신청서를 써야 해요.
4) 새 학기에 어떤 선생님과 친구들을 만날지 ______________.
5) 선생님께서 종이를 ______________ 자기소개를 쓰라고 하셨어요.
6) 자기소개를 쓴 후에 친구들 앞에서 ______________ 이야기해 보세요.

3. 다음 단어와 표현을 넣어서 문장을 만들어 보세요.

1) 첫인상: ______________
2) 손을 들다: ______________
3) 책을 펴다: ______________
4) 계획을 세우다: ______________

4. '-(으)ㄹ까 하다'와 '-(으)ㄹ까 말까 하다'를 넣어서 다음 대화를 완성하세요.

1) 가: 하숙집이 학교에서 너무 멀지 않아요?

나: 네, 좀 불편해서 이번 달 안에 ______________________.

2) 가: 네가 휴대 전화가 없으니까 연락하기가 너무 불편해.

나: 그래서 오늘 ______________________.

3) 가: 다음 주에 집들이 한다고 들었는데, 무슨 음식을 준비할 거예요?

나: ______________________.

4) 가: 식당 앞에서 뭐 하고 있는 거야? 밥은 먹었어?

나: ______________________.

5) 가: 다음 주에 학교에서 박물관에 간다고 하는데, 너도 갈 거야?

나: ______________________.

6) 가: 일요일인데, 회사에는 왜 나오셨어요?

나: ______________________.

5. '-(이)든지 -(이)든지'를 넣어서 다음 질문에 답하세요.

1) 가: 날씨가 더운데 뭐 좀 마시자. 콜라 마실까, 주스 마실까?

나: ______________________.

2) 가: 겨울옷을 좀 사야 하는데, 어디에 가면 좋을까요?

나: ______________________.

3) 가: 다음 주에 어머니 생신인데 뭘 선물하면 좋을까요?

나: ______________________.

4) 가: 운동을 좀 하려고 하는데 어떤 운동이 좋을까?

나: ______________________.

5) 가: 말하기 연습을 좀 더 하고 싶은데 좋은 방법이 없을까요?

나: ______________________.

6) 가: 새 학기에 처음 만난 같은 반 친구들과 어떻게 하면 친해질까요?

나: ______________________.

6. '-(으)ㄹ까 하다'와 '-(이)든지 -(이)든지'를 넣어서 대화문을 만드세요.

가: 내일은 고향친구와 같이 쇼핑을 **갈까 하는데** 어디가 좋아?
나: **명동이든지 동대문시장이든지** 값이 싼 곳에 가는 것이 어때?

1) 가: ______________________________.
나: ______________________________.
2) 가: ______________________________.
나: ______________________________.
3) 가: ______________________________.
나: ______________________________.

7. 요즘 무슨 고민이나 새로운 계획이 있어요? 다음 문형을 사용해서 쓰세요.

-(으)ㄹ까 해서 **-(으)ㄹ까 말까**

8. 위의 고민이나 계획에 다음 문형을 사용해서 조언을 해 보세요.

-(이)든지 -(이)든지 **-든지 -든지**

9. 다음에서 한 가지 주제를 선택하고 배운 단어와 문법을 사용해 글을 쓰세요.

1) 이번 학기의 계획　　2) 미래의 계획

제1과 새 학기 〈2〉

이름 : ______________

1. 다음에서 알맞은 단어를 골라 빈칸에 쓰세요.

발음 맞춤법 억양 단어 작문 설명

1) ______________ 공부하려고 수첩을 사서 단어장을 만들었어요.
2) 한국사람이 말할 때 입모양을 잘 보면 ___________ 잘 배울 수 있어요.
3) 수업시간에 선생님의 ______________ 잘 들으면 시험을 잘 볼 수 있어요.
4) 저는 쓰기 시험에서 항상 _____________ 많이 틀려서 점수가 나빠요.
5) 날마다 일기를 쓰면서 문장을 만들면 __________ 실력이 좋아질 거예요.
6) 한국말로 질문을 할 때는 ___________ 올리고 대답을 할 때는 내려야 돼요.

2. 다음에서 알맞은 단어를 골라 빈칸에 쓰세요.

지각하다 결석하다 졸다 주의하다 외우다

1) 지하철에서 새로 배운 단어를 _____________________.
2) 아침에 차가 막혀서 학기 첫 날부터 ______________________.
3) 학생들이 수업시간에 _______________________. 피곤한 모양이에요.
4) 수업시간에 전화를 받으면 안 됩니다. 앞으로 __________________.
5) 새 학기가 시작됐지만 감기에 걸려서 일주일 동안 __________________.

3. 다음 단어와 표현을 넣어서 문장을 만들어 보세요.

1) 도움이 되다: ____
2) 방해가 되다: ____
3) 오해를 하다: ____
4) 규칙을 지키다: ____

4. '-(으)면서' 를 넣어서 다음 대화를 완성하세요.

1) 가: 과자를 왜 이렇게 많이 샀어?

   나: ______________________ 먹으려고 샀어.

2) 가: 아침을 못 먹었는데 수업 중에 음식을 먹어도 돼요?

   나: 안 돼요. ______________________ 수업에 방해가 돼요.

3) 가: 요즘 걷기 운동을 하고 있는데 다른 운동보다 좀 재미가 없어요.

   나: ______________________.

4) 가: 시간이 있을 때는 보통 무슨 일을 해요?

   나: ______________________.

5) 가: 이제 청소를 해야 하는데, TV는 왜 켜요?

   나: ______________________.

6) 가: 일이 너무 많아서 밥을 먹으러 갈 시간이 없네요.

   나: ______________________.

5. '~말고' 나 '-지 말고' 를 넣어서 다음 대화를 완성하세요.

1) 가: 어서 오세요. 뭐 마실 것 좀 드릴까요? 커피 드시겠어요?

   나: 미안하지만 ______________________.

2) 가: 이번 방학에 같이 제주도로 여행갈까요?

   나: 돈이 별로 없으니까 ______________________.

3) 가: 지금 라면 끓이려고 하는데 같이 드시겠어요?

   나: ______________________.

4) 가: 이따가 친구 집에 가서 놀기로 했는데, 같이 갈까?

   나: 내일 모레가 시험인데 ______________________.

5) 가: 이번 학기에는 방학에 고향에 가지 않고 여행을 갈까 해.

   나: ______________________.

6) 가: 여기에서 담배를 피워도 될까요?

   나: ______________________.

6. '-(으)면서' 와 '-지 말고' 를 넣어 대화문을 만들어 보세요.

가: 나는 매일 텔레비전을 **보면서** 숙제해.
나: 텔레비전을 보면서 **숙제하지 말고** 숙제를 열심히 해.

1) 가: ______________________________.
   나: ______________________________.
2) 가: ______________________________.
   나: ______________________________.
3) 가: ______________________________.
   나: ______________________________.

7. 한국어를 어떻게 하면 더 잘 할 수 있을까요? '-(으)면서' 를 사용해 쓰세요.

8. 다음을 읽고 친구에게 '~ 말고', '-지 말고' 를 사용해서 조언을 해 보세요.

저는 매일 지각하고 수업시간에도 자주 졸아서 기말 시험을 못봤어요. 저도 지각하고 싶지 않지만 밤마다 컴퓨터 게임을 하면 늦게 잠을 자요. 그러니까 아침에 일찍 일어날 수 없어요. 이번 학기에는 공부를 잘하고 싶은데 어떻게 하면 좋을까요?

9. 다음에서 한 가지 주제를 선택하고 배운 단어와 문법을 사용해 글을 쓰세요.

1) 학교에서 생긴 일 2) 한국에 와서 오해하거나 오해받은 일

제2과 쇼 핑 〈1〉

이름 : ______________

1. 다음에서 알맞은 단어를 골라 빈칸에 쓰세요.

신상품　정장　디자인　치수　색상　할인매장　탈의실

1) 이 제품은 새로 나온 ______________ 인기가 많아요.
2) 이 옷이 마음에 들면 ______________ 가서 한번 입어 보세요.
3) 이 구두가 마음에 들지만 좀 작은데, 큰 ______________ 있나요?
4) 다음 주말에 친구 결혼식이 있어서 ______________ 한 벌 샀어요.
5) ______________ 가면 백화점보다 옷을 싸게 살 수 있어서 좋아요.
6) 이 옷은 __________ 화려할 뿐만 아니라 __________ 밝아서 좋아요.

2. 다음에서 알맞은 단어를 골라 빈칸에 쓰세요.

화려하다　수수하다　진하다　적당하다　어울리다　둘러보다

1) 저는 어두운 색보다 밝은 색 옷이 더 잘 ______________ 것 같아요.
2) 이 제품은 비싸지도 않고 싸지도 않고 가격이 ______________.
3) 저는 연한 색상의 옷보다는 ______________ 색상의 옷을 즐겨 입어요.
4) 가게를 편하게 ______________ 필요한 것이 있으면 살 거예요.
5) 장식이 많은 ______________ 디자인보다 장식이 없는 ______________ 디자인을 더 좋아해요.

3. 다음 단어와 표현을 넣어서 문장을 만들어 보세요.

1) 무료로: ________________________________
2) 꼭 끼다: ________________________________
3) 수선하다: ________________________________
4) 소매가 길다: ________________________________

4. '-(으)ㄴ가요?/-나요?'를 넣어서 다음 대답에 맞게 질문을 만드세요.

1) 가: 신사복 매장은 몇 층에 ______________________?
   나: 정장 매장은 5층에 있어요.
2) 가: ______________________?
   나: 집에서 학교까지 너무 멀어요. 그래서 방학에 이사할까 해요.
3) 가: ______________________?
   나: 제 고향의 날씨는 한국보다 더워요.
4) 가: 제가 선물로 드린 블라우스가 ______________________?
   나: 정말 마음에 들어요. 고마워요.
5) 가: ______________________?
   나: 지난 주말에 명동에서 쇼핑했어요.
6) 가: ______________________?
   나: 고급반까지 한국어를 공부하고 대학교에 갈 거예요.
7) 가: ______________________?
   나: 중간시험은 3주 후예요. 그 때까지 열심히 공부하세요.

5. '-어/아 보이다'를 넣어서 다음 대화를 완성하세요.

1) 가: 사과를 좀 살까 하는데, 어떤 게 맛있을까? 같이 고르자.
   나: 저 쪽에 있는 사과가 ______________________.
2) 가: 저 사람이 제 여자 친구예요. 어때요?
   나: 그래요? ______________________.
3) 가: 미용실에 갔다 왔는데 머리 모양이 별로 마음에 안 들어.
   나: 아니야. ______________________.
4) 가: 어제 숙제 때문에 세 시간 밖에 못 잤어.
   나: ______________________.
5) 가: 요즘 유행하는 재킷이라고 해서 샀는데 어때요?
   나: ______________________.

6. 다음과 같이 단어와 문형을 넣어서 대화를 완성하세요.

> 가: 머리를 잘랐는데 **어떤가요?**
> 나: 머리를 자르니까 **얼굴이 작아 보여요.**

1) 가: 제니 씨가 요즘 어떻게 (지내다)______________________________?
   나: ______________________________.
2) 가: 제가 안경을 쓰면 (이상하다)______________________________?
   나: ______________________________.
3) 가: 키높이 구두를 신으면 (어떻다)______________________________?
   나: ______________________________.
4) 가: 이 원피스가 저한테 (잘 어울리다)______________________________?
   나: ______________________________.

7. 다음 문형을 사용해서 학기 첫날 같은 반 친구의 모습을 소개하세요.

> **-어/아 보여서　　-어/아 보이는데　　-어/아 보였지만**

______________ 씨는

8. 매장을 정하고 다음 문형을 넣어서 주인과 손님의 대화문을 만들어 보세요.

________ 매장	가 :
	나 :
-(으)ㄴ가요?/-나요? -어/아 보이다	가 :
	나 :
	가 :
	나 :

9. 배운 단어와 문법을 사용해 주인과 손님이 되어 다음의 대화문을 만드세요.

1) 옷을 살 때 디자인, 색상, 치수를 찾는 대화
주인:
손님:
주인:
손님:
주인:
손님:
주인:
손님:
주인:
손님:

2) 옷을 입어본 후의 대화
주인:
손님:
주인:
손님:
주인:
손님:
주인:
손님:
주인:
손님:

제2과 쇼핑 〈2〉

이름 : ______________

1. 다음에서 알맞은 단어를 골라 빈칸에 쓰세요.

상표	가격	영수증	세일기간	반값	폭탄세일

1) 요즘은 ________________ 백화점에서도 옷을 싸게 살 수 있어요.
2) 이 옷은 ________________ 어디에 붙어 있나요? 찾을 수가 없네요.
3) 집 근처 할인매장에서 ________________ 한다고 하는데 같이 가자.
4) 이 옷은 ________________비쌌지만 50% 할인 받아서 싸게 샀어요.
5) 물건을 살 때 받은 ________________ 없으면 교환이나 환불이 어려워요.
6) 계절이 바뀔 때쯤 백화점에 가면 옷들을 ______________ 살 수도 있다.

2. 다음에서 알맞은 단어를 골라 빈칸에 쓰세요.

구입하다	교환하다	환불하다	할인하다	가능하다

1) 여행이 취소돼서 예매한 비행기 표를 ________________________.
2) 이 가방은 공항 면세점에서 ______________, 다른 매장보다 값이 쌌다.
3) 선물 받은 구두인데 너무 커서 다른 구두로 ______________________.
4) 그 백화점은 요즘 ______________ 옷이나 구두를 싸게 살 수 있다.
5) 이 매장에서 산 옷은 언제든지 교환, 환불이 모두 _________________.

3. 다음 표현을 넣어서 문장을 만들어 보세요.

1) 들어 있다: ____
2) 남아 있다: ____
3) 붙어 있다: ____
4) 쓰여 있다: ____

4. **다음에서 단어를 골라 '-어/아 있다'를 넣어서 다음 대화를 완성하세요.**

걸리다　　쌓이다　　떨어지다　　꺼지다　　열리다　　서다

1) 가: 왜 이렇게 방이 덥지요?
   나: 아이고, 아까부터 에어컨이 ______________________.
2) 가: 이 치마 좀 입어 볼 수 있을까요?
   나: 네, 탈의실 문이 ______________ 들어가서 갈아입고 나오세요.
3) 가: 여보, 내 정장 못 봤어요? 옷장에 없는 것 같아요.
   나: ______________________________. 잘 찾아보세요.
4) 가: 어젯밤에 눈이 많이 왔나 봐요.
   나: 아침에 창문을 열었는데 자동차 위에 ______________________.
5) 가: 왜 그렇게 피곤해 보여요? 다리가 아파서 그래요?
   나: ____.
6) 가: 여기 이 원피스 얼마예요? 가격표가 없네요.
   나: ____.

5. **'-거든요'를 넣어서 다음 대화를 완성하세요.**

1) 가: 한국어 발음이 정말 좋으시네요. 꼭 한국사람 같아요.
   나: ____.
2) 가: 오늘은 평소보다 일찍 퇴근하시네요.
   나: ______________________________. 그래서 좀 일찍 가려고요.
3) 가: 왜 갑자기 약속을 취소해요?
   나: 정말 미안해요. ______________________________.
4) 가: 오늘 왜 이렇게 옷을 많이 사셨어요?
   나: ____.
5) 가: 어제 새로 산 스웨터를 왜 다시 가지고 나가요?
   나: ____.

6. 다음과 같이 단어와 문형을 넣어서 대화를 완성하세요.

> 가: 왜 저기에 사람들이 **모여 있어요?**
> 나: 저기에서 물건을 싸게 **팔거든요.**

1) 가: 왜 오늘은 박물관 문이 (닫히다)＿＿＿＿＿＿＿＿＿＿＿＿＿＿?
   나: ＿＿＿＿＿＿＿＿＿＿＿＿＿＿＿＿＿＿＿＿＿＿＿＿＿＿＿.
2) 가: 제 물건이 왜 저쪽에 (놓다)＿＿＿＿＿＿＿＿＿＿＿＿＿＿＿＿?
   나: ＿＿＿＿＿＿＿＿＿＿＿＿＿＿＿＿＿＿＿＿＿＿＿＿＿＿＿.
3) 가: 왜 계속 거기에 (서다)＿＿＿＿＿＿＿＿＿＿＿＿＿＿＿＿＿＿?
   나: ＿＿＿＿＿＿＿＿＿＿＿＿＿＿＿＿＿＿＿＿＿＿＿＿＿＿＿.
4) 가: 수업이 다 끝났는데 왜 교실에 불이 (켜지다)＿＿＿＿＿＿＿＿?
   나: ＿＿＿＿＿＿＿＿＿＿＿＿＿＿＿＿＿＿＿＿＿＿＿＿＿＿＿.

7. 다음 표현을 사용해서 여러분의 방이나 교실 모습을 소개하세요.

걸려 있다　놓여 있다　켜져 있다　닫혀 있다　떨어져 있다　쌓여 있다

8. 단골 가게를 소개하고 왜 자주 가는지 '-거든요'를 사용해서 쓰세요.

저는 ＿＿＿＿＿＿＿＿＿＿ 에 자주 가요.

9. 다음에서 한 가지 주제를 선택하고 배운 단어와 문법을 사용해 글을 쓰세요.

1) 내가 좋아하는 한국의 쇼핑 장소
2) 내가 가 본 시장/백화점의 모습 소개

제3과 은행 〈1〉

이름 : ____________

1. 다음에서 알맞은 단어를 골라 빈칸에 쓰세요.

금액	계좌번호	현금카드	동전	지폐	잔돈

1) 돈을 찾을 때 통장이 없으면 ____________ 있어야 돼요.
2) 돈을 찾으시려면 이 신청서에 찾으실 ____________ 써 주세요.
3) 지갑에 십만 원짜리 수표하고 500원짜리 ____________ 있어요.
4) 주스를 사려고 하는데 ____________ 없어서 만 원을 냈어요.
5) 다른 사람의 통장에 돈을 보내려면 그 사람의 ________ 꼭 알아야 돼요.
6) 한국에 천 원짜리, 오천 원짜리, 만 원짜리, 오만 원짜리 ______ 있어요.

2. 다음에서 알맞은 단어를 골라 빈칸에 쓰세요.

입금하다	출금하다	송금하다	환전하다	예금하다

1) 이번 학기 등록금을 내기 위해서 통장에서 돈을 ____________.
2) 부모님께서 매달 생활비를 주시면 통장에 ____________.
3) 오늘 오전에 부모님께서 제 통장으로 돈을 ____________.
4) 어제 은행에 가서 중국 돈을 한국 돈으로 ____________.
5) 갑자기 큰돈을 벌려고 하지 말고 매달 조금씩 ____________.

3. 다음 단어와 표현을 넣어서 문장을 만들어 보세요.

1) 거스름돈: ____________
2) ~ 원 짜리: ____________
3) 서명을 하다: ____________
4) 긴장이 되다: ____________

4. '-(으)ㄴ가 보다'와 '-나 보다'를 넣어서 다음 대화를 완성하세요.

1) 가: 빨리 송금을 해야 하는데, 은행원이 자리에 없네요.
나: 지금 시간이 12시니까 ______________________.

2) 가: 저 사람은 은행에 왔다가 왜 그냥 다시 나갈까요?
나: ______________________.

3) 가: 사람들이 왜 저 현금인출기는 사용하지 않을까?
나: ______________________.

4) 가: 만 원짜리 지폐를 동전으로 바꾸고 싶은데, 이따가 오라고 하네요.
나: ______________________.

5) 가: 오늘 은행이 다른 날보다 더 복잡하고 사람도 많은 것 같아.
나: ______________________.

6) 가: 친구하고 1시에 만나기로 했는데, 왜 이렇게 안 올까?
나: ______________________.

5. '- 중이다'와 '-는 중이다'를 넣어서 다음 질문에 답하세요.

1) 가: 뭘 그렇게 열심히 쓰고 있어요? 뭘 도와 드릴까요?
나: 고마워요. 사실은 통장을 만들고 싶어서 ______________________.

2) 가: 아까 전화했을 때 뭐 하고 있었어?
나: 응, 도서관에서 ______________________.

3) 가: 사장님을 만나러 왔는데, 지금 자리에 계신가요?
나: 죄송하지만 ______________________.

4) 가: 오늘 친구들하고 모임이 있다고 하지 않았어? 왜 혼자 있어?
나: ______________________.

5) 가: 은행에는 무슨 일이세요? 여기에서 뭐 하세요?
나: ______________________.

6) 가: 내가 여러 번 전화 했었는데, 왜 전화를 안 받았어?
나: ______________________.

6. 다음을 넣어서 수업시간의 친구들 모습을 소개하고 그 이유를 추측해서 쓰세요.

-(는) 중이다　　-(으)ㄴ가 보다　　- 나 보다　　-었/았나 보다

7. 다음 그림을 잘 보고 재미있는 이야기를 만들어 보세요.

-(는) 중이다　　-(으)ㄴ가 보다　　- 나 보다　　-었/았나 보다

1

2

3

8. 다음 내용을 넣어서 배운 단어와 문법을 사용해 글을 쓰세요.

1) 은행에 가서 한 일
2) 은행에 온 사람들을 보면서 생각한 것

제3과 은행 〈2〉

이름 : ______________

1. 다음에서 알맞은 단어를 골라 빈칸에 쓰세요.

통장정리	잔액조회	계좌이체	현금인출기	수수료	명세표

1) 현금을 수표로 바꿀 때나 송금할 때는 ______________ 내야 해요.
2) 통장에 돈이 얼마나 남았는지 보려면 ______________ 해야 돼요.
3) 현금 지급기에서 돈을 찾을 때 카드와 ______________ 잘 받아야 돼요.
4) 한 통장 계좌에서 다른 통장의 계좌로 돈을 옮기는 것을 ______________.
5) ______________ 하면 그동안 입금되고 출금된 내용을 다 볼 수 있어요.
6) 이 건물 3층에 ______________ 있으니까 거기에서 돈을 찾으세요.

2. 다음에서 알맞은 단어를 골라 빈칸에 쓰세요.

누르다	확인하다	정정하다	환전하다	환율이 오르다

1) 계좌번호를 잘못 입력해서 다시 ______________.
2) 지난주까지는 계속 ______________ 오늘은 많이 떨어졌어요.
3) 현금인출기에서 현금을 찾으려면 비밀번호를 맞게 ______________.
4) 송금할 때 상대방의 계좌번호와 보내는 금액을 잘 ______________.
5) 요즘 환율이 계속 오르고 있어서 언제 ______________ 모르겠어요.

3. 다음 단어와 표현을 넣어서 문장을 만들어 보세요.

1) 분실신고: ______________
2) 신청하다: ______________
3) 공과금을 내다: ______________
4) -에게 빌려주다: ______________

4. '-어/아 놓다' 를 넣어서 다음 질문에 답하세요.

1) 가: 친구 생일 선물을 사야 하는데, 돈은 가지고 왔어요?
   나: 네, 아까 은행에 가서 ______________________
2) 가: 차가 막혀서 늦을 것 같은데 어떡하죠?
   나: 그럼 늦겠다고 미리 ______________________
3) 가: 현금인출기를 사용하려면 어떻게 해야 해요?
   나: 현금인출기를 사용하려면 ______________________
4) 가: 내일 해외여행을 가는데 환전은 했어?
   나: ______________________
5) 가: 이 돈은 어디에 쓰려고 모아 놓았어?
   나: ______________________
6) 가: 오늘 집들이 하시죠? 무슨 음식을 준비하셨어요?
   나: ______________________

5. '-(으)ㄹ 수밖에 없다', '-(으)ㄹ 수밖에 없었다' 를 넣어서 다음 질문에 답하세요.

1) 가: 어제 기다리겠다고 해 놓고, 왜 먼저 갔어?
   나: ______________________
2) 가: 그렇게 많은 돈을 한 달 동안 정말 다 썼어?
   나: ______________________
3) 가: 친구에게 등록금 낼 돈까지 빌려주면 어떻게 하니?
   나: ______________________
4) 가: 계좌이체를 할 때는 현금지급기가 편한데, 왜 번호표를 뽑고 기다리세요?
   나: ______________________
5) 가: 요즘 환율이 점점 내려가고 있는데 왜 그렇게 많이 환전을 했어요?
   나: ______________________
6) 가: 날마다 밤늦게까지 일 하고 주말에도 또 회사 가세요?
   나: ______________________

6. '-어/아 놓다' 와 '-(으)ㄹ 수밖에 없다' 를 이용해서 대화를 완성하세요.

> 가 : 내일까지 등록금을 **내야 하는데** 등록금을 **준비해 놓았어요?**
> 나 : 시간이 **늦어서** 돈을 내일 **찾을 수밖에 없어요.**

1) 가 : (환전하다) ____________________?
   나 : (연휴이다) ____________________.
2) 가 : (사진을 찍다) ____________________?
   나 : (오늘은 문을 닫다) ____________________.
3) 가 : (   ) ____________________?
   나 : (   ) ____________________.
4) 가 : (   ) ____________________?
   나 : (   ) ____________________.

7. 여러분의 고향에서 한국으로 유학을 오고 싶어 하는 친구가 있습니다. 유학 오기 전에 무엇을 준비해야 하는지 다음 문형을 사용해서 조언을 해 주세요.

-어/아 놓아야 해요　　-어/아 놓으세요　　-(으)ㄹ 수밖에 없어요

한국에 유학 오기 전에 준비해야 할 일이 많이 있어요.
이렇게 하지 않으면

8. 다음에서 한 가지 주제를 선택하고 배운 단어와 문법을 사용해 글을 쓰세요.

1) 현금지급기를 사용하는 방법 소개
2) 현금지급기를 사용하다가 생긴 문제

제4과 꿈 〈1〉

이름 : ______________

1. 다음에서 알맞은 단어를 골라 빈칸에 쓰세요.

순간	현실	행운	기대	짝사랑

1) 꿈은 ________________하고 반대라고 하니까 걱정하지 마세요.
2) 돼지꿈을 꾸면 ________________ 찾아온다고 하니까 기다려 보세요.
3) 꿈에서 제 ________________ 만나면 사랑한다고 고백을 하고 싶어요.
4) 좋은 꿈을 꾼 후에 그 꿈이 맞을 거라고 ______________ 하고 있어요.
5) 무서운 동물이 꿈에 나와서 나를 먹으려고 하는 ___________ 잠이 깼어요.

2. 다음에서 알맞은 단어를 골라 빈칸에 쓰세요.

꿈을 꾸다	꿈에서 깨다	꿈에 나오다	잠이 들다	잠이 깨다

1) 좋은 ________________ 하루 종일 기분이 좋아요.
2) 아침마다 엄마가 부르시는 소리를 듣고 ____________________.
3) TV를 보다가 ___________________ 좋아하는 드라마를 못 봤어요.
4) 어젯밤에 꿈을 꾸었는데 고향 친구들이 ______________________.
5) 꿈속에서 데이트를 하고 있었는데, 시계 소리 때문에 _______________.

3. 다음 표현을 넣어서 문장을 만들어 보세요.

1) 꿈이 맞다: ____
2) 도망을 가다: ____
3) 소용이 없다: ____
4) 기회를 놓치다: ____

4. 다음 〈보기〉와 같이 두 가지로 문장을 만들어 보세요.

보기	뱀 아저씨 물다	1) 뱀이 아저씨를 **물었어요.**
		2) 아저씨가 뱀**한테 물렸어요.**
1	엄마 아기 안다	1)
		2)
2	고양이 물고기 먹다	1)
		2)
3	경찰 도둑 쫓다	1)
		2)
4	고양이 쥐 잡다	1)
		2)
5	나 동생 업다	1)
		2)

5. '-에게/한테' 와 피동사를 넣어서 다음 대화를 완성하세요.

1) 가: 제가 어렸을 때 할머니께서 저를 많이 업어 주셨어요. (업히다)
   나: 저도요. ______________________ 잠도 잘 오고 따뜻했어요.
2) 가: 현주 씨하고 성수 씨가 헤어졌나 봐요. (차이다)
   나: 성수 씨가 ______________________.
3) 가: 그 만화영화에서 고양이가 쥐를 쫓을 때가 제일 재미있었어. (쫓기다)
   나: 맞아. 쥐가 ______________________.
4) 가: 그렇게 짧은 옷을 입고 산에 가면 모기가 많이 물 거예요. (물리다)
   나: ______________________.

6. '아무 -도'를 넣어서 다음 대화를 완성하세요.

1) 가: 왜 이렇게 힘이 없어 보여요? 밥은 먹었어요?

나: 어제 저녁부터 ________________________________.

2) 가: 이번 여름 휴가는 어디로 갈 거예요?

나: 일이 너무 많아서 ________________________________.

3) 가: 어제 생일 파티에서 맛있는 음식은 많이 드셨어요?

나: 배탈이 나서 ________________________________.

4) 가: 고향에 가서 친구들을 만났어?

나: ________________________________.

5) 가: 이 사실은 너에게만 말하는 거야. 비밀이야.

나: ________________________________.

6) 가: 어제 밤에 무슨 꿈을 꾸셨어요?

나: ________________________________.

7. 다음을 사용해서 심심하게 보낸 하루의 이야기를 써 보세요.

아무도	아무것도	아무데도	아무 -도

8. 다음에서 한 가지 주제를 선택하고 배운 단어와 문법을 사용해 글을 쓰세요.

1) 최근에 꾼 꿈 이야기　　2) 잊을 수 없는 꿈 소개

제4과 꿈 〈2〉

이름 : ________________

1. 다음에서 알맞은 단어를 골라 빈칸에 쓰세요.

동화	소원	도깨비	요정	백만장자	타임머신

1) 저는 사업으로 돈을 많이 벌어서 ________________ 될 거예요.
2) 초콜릿으로 만든 집은 ________________ 속에서 나오는 이야기죠?
3) 한국의 옛날 이야기에는 ________________ 나오는 이야기가 많아요.
4) 항상 그 생각을 하고 기도하면 ________________ 이루어질 거예요.
5) 어떤 소원이든지 이루어주는 ________________ 내 옆에 있으면 좋겠어요.
6) ____________ 있다면 100년 전으로 가서 사람들의 생활을 보고 싶어요.

2. 다음에서 알맞은 단어를 골라 빈칸에 쓰세요.

부끄럽다	후회되다	불행하다	부지런하다	게으르다

1) 한국에 처음 왔을 때 실수한 일을 생각하면 지금도 ________________.
2) 저는 이 세상에서 꿈이 없는 사람이 제일 ________________ 생각해요.
3) 예전에 부모님 말씀을 안 들은 일이 지금은 정말 ________________.
4) 그 사람은 ______________. 늦게 일어나고 숙제도 안 하고 청소도 안 해요.
5) 그 사람은 ______________. 일찍 일어나고 공부도 일도 열심히 해요.

3. 다음 표현을 넣어서 문장을 만들어 보세요.

1) 한턱내다: ________________________________
2) 초능력을 가지다: ________________________________
3) 꿈이 이루어지다: ________________________________
4) 소원을 들어주다: ________________________________

4. **'-(ㄴ/는)다면/-(이)라면' 을 넣어서 다음 대화를 완성하세요.**

1) 가: 만약에 동물이 (되다) ________________ 무슨 동물이 되고 싶어?
   나: ____.
2) 가: 친한 친구가 돈이 (필요하다) ____________ 얼마를 빌려줄 수 있어요?
   나: ____.
3) 가: 지금 (여행가다) ______________ 어디에 가고 싶어요?
   나: ____.
4) 가: 유명한 사람을 (만날 수 있다) ______________ 누구를 만나고 싶어?
   나: ____.
5) 가: 약속을 했는데 애인이 (오지 않다) ________ 얼마나 기다릴 수 있어?
   나: ____.
6) 가: 만일 당신이 (남자/여자이다) _____________ 무엇을 해 보고 싶어요?
   나: ____.

5. **'-(으)ㄴ/는/(으)ㄹ 만큼' 을 넣어서 다음 질문에 답하세요.**

1) 가: 종이컵이 좀 필요한데 빌려주실 수 있어요?
   나: 저기에 많이 있으니까 ____________________________ 가져가세요.
2) 가: 요즘 그 영화가 인기라고 해요. 그 영화 보셨죠? 어땠어요?
   나: ____.
3) 가: 여동생이 아주 예쁘다고 하는데, 정말 그렇게 예뻐요?
   나: ____.
4) 가: 한국의 물가가 많이 올랐다고 하는데, 생활비가 많이 들어?
   나: ____.
5) 가: 기숙사 방이 아주 작다고 하는데, 얼마나 작아?
   나: ____.
6) 가: 시험이 아주 어렵다고 하는데 어떻게 해야 하지요?
   나: 걱정하지 마세요. ______________________________ .

6. 다음과 같이 '만약에 내가 ~' 를 상상해서 문장을 완성하세요.

> **만약에 내가 백만장자라면** 모두 타고 싶을 만큼 멋있는 자동차를 **살 거다.**

1) 만약에 내가 (마법사이다) ______________________________.
2) 만약에 내가 (투명인간이다) ______________________________.
3) ______________________________.
4) ______________________________.

7. 다음과 같이 '-었/았 다면 -었/았을 거다' 를 넣어서 문장을 만들어 보세요.

> 우리 부모님이 **결혼하지 않았다면** 저는 **태어나지 않았을 거예요.**

1	
2	
3	
4	

8. 다음 표현들을 사용해서 문장을 만들어 봅시다.

> **하늘만큼 땅만큼** **셀 수 없을 만큼** **배꼽이 빠질 만큼**
> **목숨만큼** **둘이 먹다가 하나가 죽어도 모를 만큼**

9. 다음에서 한 가지 주제를 선택하고 배운 단어와 문법을 사용해 글을 쓰세요.

1) 나의 세 가지 소원 2) 내가 상상하는 미래의 세계

제5과 방송 〈1〉

이름 : ______________

1. 다음에서 알맞은 단어를 골라 빈칸에 쓰세요.

뉴스	오락	연속극	시사토론	교양	다큐멘터리	스포츠 중계

1) 저는 만든 이야기보다 사실을 그대로 보여주는 __________ 좋아요.
2) 매일 ____________ 보면 세상에서 일어나는 일들을 알 수 있어요.
3) 야구나 축구 같은 ___________ 있는 날에는 거리에 사람이 별로 없어요.
4) ________ 나오는 주인공들의 이야기는 가끔 현실과 너무 다른 것 같아요.
5) 전 가요쇼처럼 연예인들이 많이 나오는 _________ 프로그램을 좋아해요.
6) _______ 에서는 사람들이 찬성과 반대로 나뉘어서 자신의 생각을 얘기해요.

2. 다음에서 알맞은 단어를 골라 빈칸에 쓰세요.

방송하다	방영되다	유행하다	다양하다	반복하다

1) 지금 라디오에서 '세계의 음악' 이라는 프로그램을 _____________.
2) 코미디쇼를 자주 보면 요즘 ___________ 말을 재미있게 공부할 수 있다.
3) 처음에는 뉴스 듣기가 어렵겠지만 __________ 들으면 이해할 수 있을 거야.
4) 주말 저녁에 ___________ 드라마가 시청률이 아주 높은데, 재미있나 봐요.
5) 케이블 방송에서는 오락부터 교양까지 _______프로그램을 골라 볼 수 있다.

3. 다음 단어와 표현을 넣어서 문장을 만들어 보세요.

1) 별로: ______________________________
2) 유행어: ______________________________
3) -에 유용하다: ______________________________
4) -에 관심이 있다: ______________________________

4. '-만하다' 를 넣어서 다음 질문에 답하세요.

1) 가: 그 여자 탤런트의 얼굴이 그렇게 작아요?
나: ______________________________.

2) 가: 기숙사에 산다고 들었는데 방 크기가 어때요?
나: ______________________________.

3) 가: 이제 월급이 많아졌어요?
나: 아니요, 아직도 월급이 ______________________________.

5. '-(으)ㄹ 만하다' 를 넣어서 다음 대화를 완성하세요.

1) 가: 청소기가 좀 오래된 것 같네요.
나: 좀 오래되기는 했지만 아직 ______________________________.

2) 가: 주말 저녁에 하는 시사 프로그램 어때요?
나: ______________________________.

3) 가: 주말에 여행을 좀 가고 싶은데, 어디에 가면 좋을까요?
나: ______________________________.

4) 가: 요즘 괜찮은 한국 노래가 있으면 추천해 주세요.
나: ______________________________.

5) 가: 고향 친구가 왔는데 뭘 먹으러 가면 좋을까요?
나: ______________________________.

6. '-(이)나' 를 넣어서 다음 대화를 완성하세요.

1) 가: 좋아하는 드라마가 끝나서 볼 만한 프로그램이 없네. 우리 뭐 볼까?
나: 그럼 한국방송에서 하는 ______________________________.

2) 가: 요즘 재미있는 영화 나온 거 없을까? 우리 영화관 가자.
나: 그냥 집에서 ______________________________.

3) 가: 오늘은 시간도 많고 특별히 할 일도 없네. 우리 뭐 할까?
나: 그럼 오랜만에 ______________________________.

7. '-고 나서'를 넣어서 다음 대화를 완성하세요.

1) 가: '동물의 세계' 다큐멘터리는 언제 시작해요?

나: 조금 더 있어야 돼요. 이 뉴스가 ______________________.

2) 가: 엄마, 보고 싶은 드라마가 있는데 봐도 되지요?

나: ______________________________________.

3) 가: 영화표가 두 장 있는데, 영화 보러 같이 가자. 오늘 어때?

나: ______________________________________.

4) 가: 방이 더러운데 오늘 청소 좀 하세요.

나: ______________________________________.

8. 고향 친구에게 한국에서 '-(으)ㄹ 만한 것/곳'을 소개해 보세요.

가다 사다 보다 먹다 구경하다	-(으)ㄹ 만하다

9. '-고 나서'와 '-(이)나'를 넣어서 다음과 같이 대화문을 만드세요.

> 가: 우리 숙제 다 **끝내고 나서** 영화 보러 갈까?
> 나: 날씨가 **추우니까** 그냥 집에서 **텔레비전이나** 보자.

1) 가: ______________________________________?

나: ______________________________________.

2) 가: ______________________________________?

나: ______________________________________.

3) 가: ______________________________________?

나: ______________________________________.

10. 다음에서 한 가지 주제를 선택하고 배운 단어와 문법을 사용해 글을 쓰세요.

1) 볼 만한 한국 프로그램 소개
2) 고향에서 자주 본 방송 프로그램 소개

제5과 방송 〈2〉

이름 : ____________

1. 다음에서 알맞은 단어를 골라 빈칸에 쓰세요.

연예인	연기자	시청자	생방송	녹화방송	재방송

1) 그 __________ 요즘 인기 있는 주말 드라마의 주인공이에요.
2) 가수나 배우 같은 ____________ 유명하기 때문에 생활이 힘들 것 같아요.
3) 뉴스는 ___________ 때문에 앵커가 실수를 하면 안 된대요.
4) 요즘은 방송을 본 후에 인터넷에 글을 올리는 ____________ 많대요.
5) 평일에 못 본 드라마가 있으면 주말에 다시 해 주는 _________ 보면 돼요.
6) 프로그램을 찍어 놓았다가 나중에 방송하는 것을 _________ (이)라고 해요.

2. 다음에서 알맞은 단어를 골라 빈칸에 쓰세요.

시청하다	방청하다	중계방송하다	채널을 돌리다	따라하다

1) 퀴즈쇼를 보다가 너무 재미가 없어서 ___________________.
2) 저는 항상 9시 뉴스를 _____________ 잠을 자는 습관이 있어요.
3) 주말마다 가요쇼를 _______________ 방송국에 찾아오는 사람들이 많다.
4) 오늘 저녁 7시에 한국과 일본의 축구 경기를 ________________ 거래요.
5) 방송에 나오는 위험한 행동을 어린이들이 보고 _______________ 안돼요.

3. 다음 단어와 표현을 넣어서 문장을 만들어 보세요.

1) 구별하다: ____
2) 장점/단점: ____
3) 시청률이 높다: ____
4) 영향을 주다/받다: ____

4. **'-대요/-냬요/-래요/-재요'를 넣어서 다음 문장을 바꿔 보세요.**

1) "이번에 개봉하는 영화가 아주 재미있어요."

→ ______________________________.

2) "그 사람이 한국에서 제일 유명한 연출가예요."

→ ______________________________.

3) "방송국에 가 본 적이 있어요?"

→ ______________________________.

4) "오늘 저녁에 같이 축구 중계를 봅시다."

→ ______________________________.

5) "뉴스가 끝나고 나서 주말의 영화가 방영됩니다."

→ ______________________________.

6) "주말에 재방송을 해 주니까 꼭 보세요."

→ ______________________________.

5. **'-대요/-냬요/-래요/-재요'를 넣어서 다음 질문에 답하세요.**

1) 가: 9시 뉴스에서 앵커가 뭐라고 해요?

나: ______________________________.

2) 가: 일기예보에서 내일 날씨가 어떻다고 해요?

나: ______________________________.

3) 가: 사람들이 주말 드라마가 어떻다고 해요?

나: ______________________________.

4) 가: 요즘 어떤 노래가 인기 있다고 해요?

나: ______________________________.

5) 가: 다음 올림픽은 어디에서 열린다고 해요?

나: ______________________________.

6) 가: 고향에 전화했을 때 어머니가 뭐라고 해요?

나: ______________________________.

6. '-에 대해서' 와 '-에 대한' 을 넣어서 다음 질문에 답하세요.

1) 가: 우리 반 친구들에 대해서 무엇을 알고 싶어요?
   나: ______________________________.

2) 가: 만약 작가가 된다면 무엇에 대한 글을 쓰고 싶어?
   나: ______________________________.

3) 가: 우리 반 친구들 중에서 누구에 대해서 가장 관심이 많아?
   나: ______________________________.

4) 가: 그 감독이 찍고 있는 영화는 무엇에 대한 영화래요?
   나: ______________________________.

5) 가: 지난 번 발표에서 무엇에 대해서 발표했어요?
   나: ______________________________.

6) 가: 요즘 한국 사람들이 관심을 많이 가지는 뉴스는 무엇에 대한 뉴스예요?
   나: ______________________________.

7) 가: 요즘 어떤 고민을 하고 있어?
   나: ______________________________.

7. 다음 문형을 넣어서 오늘 교실에서 친구들과 한 이야기를 써 보세요.

-(이)래요　　-(ㄴ/는)대요　　-재요

8. 다음에서 한 가지 주제를 선택하고 배운 단어와 문법을 사용해 글을 쓰세요.

1) 텔레비전의 세 가지 장점에 대해서
2) 텔레비전의 세 가지 단점에 대해서

제6과 건강관리 〈1〉

이름 : ________________

1. 다음에서 알맞은 단어를 골라 빈칸에 쓰세요.

건강관리	체력	기운	시력	식욕	소화

1) 요즘 ____________ 나빠져서 안경을 써야 해요.
2) 요즘 더위 때문인지 ______________ 없어서 굶었어요.
3) 저는 _____________ 위해서 날마다 운동을 해요.
4) 어제 잠을 잘 못 자서 하루 종일 ________________ 없어.
5) 요즘 학생들은 운동부족 때문인지 키는 크지만 ___________ 약하대.
6) 저녁에는 음식이 다 ____________ 될 때까지 기다렸다가 자는 것이 좋아요.

2. 다음에서 알맞은 단어를 골라 빈칸에 쓰세요.

과식하다	과로하다	과음하다	적당하다	싱겁다	굶다

1) 음식을 짜게 먹지 말고 _______________ 먹으래.
2) 아침에 시간이 없어서 밥을 ________________.
3) 하루 8시간 정도 자는 것이 가장 ____________________.
4) 이틀 동안 회사일 때문에 ________________ 너무 피곤하네요.
5) 오랜만에 뷔페식당에 갔는데 _______________ 소화가 잘 안 돼.
6) 오랜만에 만난 친구하고 밤늦게까지 _________________ 속이 아파요.

3. 다음 표현을 넣어서 문장을 만들어 보세요.

1) 살이 찌다: ____
2) 살을 빼다: ____
3) 몸무게가 줄다: ____
4) 효과가 있다/없다: ____

4. '-(으)ㄴ/는 편이다'를 넣어서 다음 질문에 답하세요.

1) 가: 고기를 좋아하나요, 야채를 좋아하나요?
   나: 다 좋아하지만 ______________________________.
2) 가: 한국어 공부가 어떤가요?
   나: ______________________________.
3) 가: 반 친구의 성격이 어때요?
   나: 제 친구 __________ 씨는 성격이 ______________.
4) 가: 한국의 물가가 고향보다 싼가요, 비싼가요?
   나: ______________________________.
5) 가: 스트레스를 많이 받는 편이야?
   나: ______________________________.
6) 가: 새로 이사한 하숙집이 어때?
   나: ______________________________.

5. '-(기) 때문인지'를 넣어서 다음 대화를 완성하세요.

1) 가: 왜 약을 드세요? 어디 아프세요?
   나: ______________________ 두통이 심해요.
2) 가: 요즘 그 친구가 학교에 안 나와. 며칠 동안 못 봤어.
   나: ______________________ 시간이 없나 봐.
3) 가: 저 사람은 남자예요, 여자예요?
   나: 남자인데 ______________ 여자라고 자주 오해를 받는대요.
4) 가: 왜 이렇게 밥을 못 먹어? 이 음식이 맛이 없어?
   나: 아니. ______________________________.
5) 가: 요즘 병원에 감기 환자가 많대요.
   나: ______________________________.
6) 가: 친구들이 오늘 기분이 안 좋아 보이네. 왜 그런지 알아?
   나: ______________________________.

6. '-(으)ㄴ/는 편이다' 를 넣어서 여러분의 건강에 대한 대화문을 만드세요.

1	가: 몸이 약한 편입니까? 나: ______________________.
2	가: 밤에 잠을 잘 자는 편입니까? 나: ______________________.
3	가: 얼굴이 하얀 편입니까? 나: ______________________.
4	가: ______________________? 나: ______________________.
5	가: ______________________? 나: ______________________.
6	가: ______________________? 나: ______________________.

7. '-(으)ㄴ/는 편이다' 를 넣어서 친구들의 외모나 성격에 대해서 쓰세요.

-(으)ㄴ 편이다	-는 편이다

8. 다음에서 한 가지 주제를 선택하고 배운 단어와 문법을 사용해 글을 쓰세요.

1) 내가 해 본 다이어트　　2) 다이어트는 꼭 필요한가?

제6과 건강관리 〈2〉

이름 : ______________

1. 다음에서 알맞은 단어를 골라 빈칸에 쓰세요.

탈모증	불면증	건망증	소화불량	비만	의욕

1) 요즘 ____________ 생겨서 밤에 잠을 못 자요.
2) 바빠서 자주 식사를 안 했기 때문인지 ____________ 걸렸어.
3) 스트레스 때문인지 ____________ 심해져서 머리가 많이 빠져요.
4) 날씨가 덥기 때문인지 ____________ 없어서 아무 일도 하기 싫어.
5) 저도 옛날에는 살이 많이 쪄서 ____________ 지금은 살을 많이 뺐어요.
6) ________ 때문에 물건을 어디에 놓았는지 자주 잊어버려.

2. 다음에서 그림에 맞는 단어를 골라 빈칸에 쓰세요.

올리다	잡다	구부리다	뻗다	숙이다	돌리다

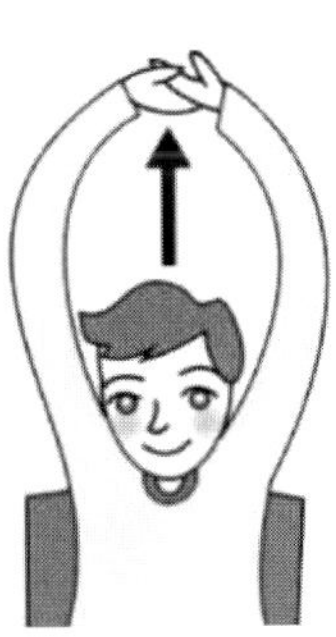

1) 팔을 위로 ______.

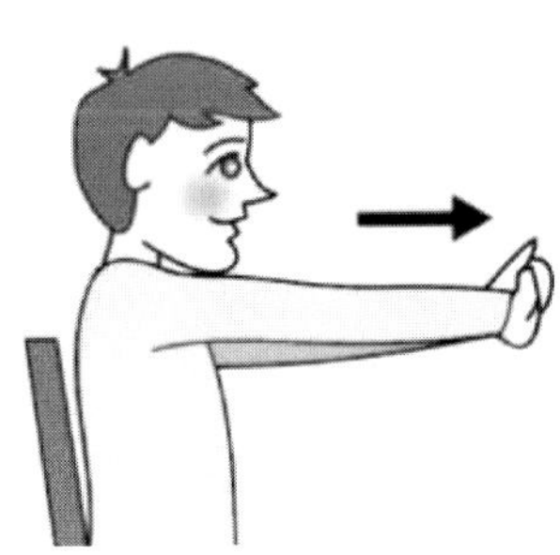

2) 팔을 앞으로 _____.

3) 고개를 ________.

4) 발목을 ________.

5) 발목을 ________.

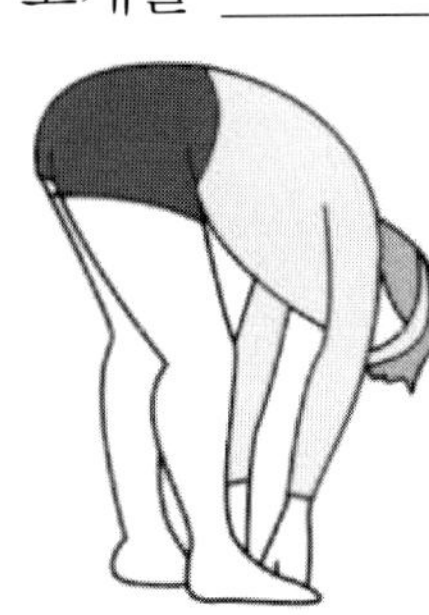

6) 허리를 ________.

3. '아무리 -어/아도', '-(이)라도'를 넣어서 다음 대화를 완성하세요.

1) 가: 요즘 바빠서 시험 공부를 못 했어.
   나: ______________________________.
2) 가: 배가 고파서 그러는데 수업 시간에 김밥을 먹어도 될까요?
   나: ______________________________.
3) 가: 그 친구는 똑똑하니까 그 일을 오늘 안에 끝낼 수 있을 거야.
   나: ______________________________.
4) 가: 이 문제의 답이 뭔지 빨리 생각해 보세요.
   나: ______________________________.
5) 가: 나하고 친한 친구니까 친구 편지를 먼저 읽어 봐도 되겠지?
   나: ______________________________.
6) 가: 한국어가 너무 어려워서 이번 학기가 끝난 후에 고향에 돌아갈까 해요.
   나: ______________________________.

4. '-어/아야지(요)', '-었/았어야지(요)'를 넣어서 충고해 보세요.

1) 가: 운동이 부족하기 때문인지 몸이 많이 약해졌어요.
   나: ______________________________.
2) 가: 바빠서 병원에 안 가고 약만 먹었는데, 별로 효과가 없네.
   나: ______________________________.
3) 가: 아르바이트 때문에 공부를 전혀 못 해서 시험을 너무 못 봤어요.
   나: ______________________________.
4) 가: 저는 야채를 별로 좋아하지 않아서 잘 안 먹는 편이에요.
   나: ______________________________.
5) 가: 살이 너무 많이 쪄서 요즘에는 맞는 옷이 없어.
   나: ______________________________.
6) 가: 낮잠을 자기 때문인지 밤에 잠이 잘 안 와.
   나: ______________________________.

5. 올해 어떤 결심을 했는지 '-어/아야지'를 넣어서 다음과 같이 써 보세요.

한국어 공부에 대한 결심	올해는 말하기 연습을 많이 해야지.
건강에 대한 결심	
친구에 대한 결심	
________에 대한 결심	
________에 대한 결심	

6. 다음 문형을 넣어서 친구에게 건강에 대한 충고를 써 보세요.

아무리 -어/아도/(이)라도 -어/아야지요
아무리 -어/아도/(이)라도 -었/았어야지요

제 친구는 술을 너무 좋아합니다. 그래서 일주일에 사흘은 과음을 하는 편입니다. 과음을 한 다음 날에는 아침에 일찍 일어나지 못해서 지각도 자주 하는 편입니다. 위가 아프기 때문에 밥을 굶는 날이 많습니다. 제 친구의 건강이 좋아지려면 어떻게 해야 할까요?

1	
2	
3	
4	
5	
6	
7	

7. 다음에서 한 가지 주제를 선택하고 배운 단어와 문법을 사용해 글을 쓰세요.

1) 내가 알고 있는 실내 체조 소개
2) 추천할 만한 건강관리 방법

제7과 광고 〈1〉

이름 : ________________

1. 다음에서 알맞은 단어를 골라 빈칸에 쓰세요.

광고	특징	상품명	공익광고	연락처	정보

1) 광고를 보면 그 상품에 대한 유용한 __________ 알 수 있어요.
2) 무슨 상품을 찾고 있는지 __________ 정확하게 말해 주세요.
3) 요즘 이 제품은 유명한 연예인이 하는 ___________ 잘 팔린대.
4) 이 상품의 가장 큰 _________ 말씀 드리면, 100% 자연식품입니다!
5) 사람들에게 도움을 주기 위한 ___________ 지하철에서 쉽게 볼 수 있다.
6) 잃어버린 물건을 찾고 싶으면 자기의 ___________ 정확하게 써야지.

2. 다음에서 알맞은 단어를 골라 빈칸에 쓰세요.

믿다	양보하다	절약하다	괴롭다	해결하다

1) 자기의 문제는 자기가 직접 ______________________.
2) 저는 요즘 돈이 좀 필요해서 생활비를 __________________________.
3) 아무리 좋은 광고라도 광고만 ________________ 물건을 사면 안 돼요.
4) 지하철에서 나이가 많으신 할머니께 자리를 __________________.
5) 저는 담배를 안 피우는데 친구가 옆에서 담배를 피우면 ________________.

3. 다음 단어와 표현을 넣어서 문장을 만들어 보세요.

1) 만족하다: ____
2) 도움이 되다: ____
3) 마찬가지이다: ____
4) 몸이 불편하다: ____

4. '-(으)면 -(으)ㄹ수록'을 넣어서 다음 질문에 답하세요.

1) 가: 한국어를 공부하면 공부할수록 어떤 것 같아요?
   나: 한국어를 공부하면 공부할수록 ______________________.
2) 가: 한국 노래 중에서 들으면 들을수록 좋은 노래가 있나요?
   나: ______________________.
3) 가: 한국에 살면 살수록 어때?
   나: ______________________.
4) 가: 많으면 많을수록 좋은 것은 뭐가 있을까?
   나: ______________________.
5) 가: 처음에는 잘 몰랐는데 보면 볼수록 좋아지는 친구가 있어?
   나: ______________________.
6) 가: 생각하면 생각할수록 기분 좋은 일이 있나요? 그 일이 뭐예요?
   나: ______________________.
7) 가: 생각하면 생각할수록 부끄러운 일이 있어요?
   나: ______________________.

5. '-에 비해(서)'를 넣어서 다음 질문에 답하세요.

1) 가: 아들과 딸은 어떻게 다른가요?
   나: 딸은 아들에 비해서 ______________________.
2) 가: 한국과 고향의 물가를 비교하면 어때요?
   나: ______________________.
3) 가: 한국의 날씨와 고향의 날씨가 어떻게 달라?
   나: ______________________.
4) 가: 이번 학기 성적이 지난 학기보다 좋아진 것 같아요?
   나: ______________________.
5) 가: 부산에 여행을 갈까 하는데, 비행기를 타고 갈까, 기차를 타고 갈까?
   나: ______________________.

6. 다음과 같이 단어와 문형을 넣어서 다음 대화를 완성하세요.

> 가: **지난 학기에 비해서** 이번 학기가 어때요?
> 나: **공부하면 공부할수록** 어려워져요.

1) 가: (신문 광고) ______________________ TV 광고가 어때요?
   나: TV 광고는 (보다) ______________________.
2) 가: (정장) ______________________ 청바지가 어때요?
   나: 청바지는 (입다) ______________________.
3) 가: (고향 음식) ______________ 한국 음식이 어때요?
   나: 한국 음식은 (먹다) ______________________.
4) 가: (일일 연속극) ______________ 주말 드라마가 어때요?
   나: 주말 드라마는 (보다) ______________________.

7. 다음의 문형을 가지고 한국의 광고와 고향의 광고를 비교해 보세요.

–에 비해(서)	–(으)ㄴ 편이다

8. 한국에서 생활하면서 점점 더 좋아지거나 점점 더 나빠지는 것이 있어요?
'–(으)면 –(으)ㄹ수록'을 사용해서 이야기를 쓰세요.

9. 글과 그림을 넣어서 상품광고와 공익광고를 만들고 설명해 보세요.

1) 상품광고를 만들고 설명하기
〈글과 그림〉
〈설명〉

2) 공익광고를 만들고 설명하기
〈글과 그림〉
〈설명〉

제7과 광고 〈2〉

이름 : ______________

1. 다음에서 알맞은 단어를 골라 빈칸에 쓰세요.

구인	구직	분실물	개업	할인쿠폰	게시판	사례금

1) __________ 주우면 주인을 찾아줘야 해요.
2) 제 지갑을 찾아주신 분에게는 __________ 드리겠습니다.
3) 저 식당에 가니까 오늘 __________ 한다면서 떡을 줬어.
4) 저 피자집의 __________ 있으니까 같이 가 보자. 20% 할인해 준대.
5) 언어 교환을 하고 싶으면 사무실 옆의 __________ 살펴보세요.
6) 아르바이트를 하고 싶으면 이 신문을 봐. __________ 광고가 아주 많지?

2. 다음에서 알맞은 단어를 골라 빈칸에 쓰세요.

구하다	남기다	연락하다	붙이다	적다	과장하다

1) 연락처를 __________ 주시면 전화 드릴게요.
2) 힘든 일이 생기면 언제든지 저에게 __________.
3) 저 게시판에 광고를 __________ 더 잘 보일 것 같은데.
4) 실제보다 __________ 광고도 많으니까 광고만 믿으면 안 돼.
5) 방학에는 기숙사에 있을 수 없어서 하숙집을 __________.

3. 다음 표현을 넣어서 문장을 만들어 보세요.

1) 별 일 없다: ______________________________
2) 할인을 받다: ______________________________
3) 자신이 없다: ______________________________
4) -의 관심을 끌다: ______________________________

4. '-어/아다(가)'를 넣어서 다음 대화를 완성하세요.

1) 가: 지난 주말에 산 옷인데 마음에 안 들어요. (바꾸다)
나: 영수증을 가지고 매장에 가서 ______________________.

2) 가: 학생증을 만들려면 사진을 내세요. (찍다)
나: 가지고 있는 사진이 없으니까 ______________________.

3) 가: 오랜만에 운동하니까 정말 힘들다. 넌 어때? (뽑다)
나: 나도 그래. 우리 자판기에서 음료수를 ______________________.

4) 가: 도서관에서 지갑을 잃어버렸는데, 어떻게 하죠? (만들다)
나: 그럼 광고를 ______________________.

5) 가: 부모님 생신 때 부모님께 뭘 해 드렸어요? (사다)
나: ______________________.

6) 가: 시험도 끝났는데 무슨 책을 그렇게 열심히 보고 있어? (빌리다)
나: ______________________.

7) 가: 땀을 많이 흘려서 목이 좀 마른데, 마실 거 없어? (꺼내다)
나: ______________________.

5. '-잖아(요)'를 넣어서 다음 대화를 완성하세요.

1) 가: 오늘 왜 이렇게 예쁘게 입고 왔어요?
나: ______________________.

2) 가: 이 가방이 제일 비싼데, 왜 이걸 샀어요?
나: ______________________.

3) 가: 지난주에 소개팅에서 만난 여자가 정말 마음에 들었어.
나: 뭐? 넌 이미 여자친구가 ______________________.

4) 가: 이 단어는 무슨 뜻이야?
나: 벌써 잊어버렸어? ______________________.

5) 가: 내일은 늦지 말고 학교에 일찍 와.
나: ______________________.

6. **다음과 같이 단어와 문형을 넣어서 대화를 완성하세요.**

가: 수요일에 **수업이 없었잖아요.** 수요일에 뭐 했어요?
나: 그동안 못 본 비디오를 많이 **빌려다가** 봤어요.

1) 가: 내일이 한솔 씨 (생일이다) ______________. 무슨 선물을 할 거예요?
   나: 저는 맛있는 고향 음식을 (만들다) ____________________________.

2) 가: 오늘 (집들이 하다) ______________. 음식도 준비했어요?
   나: 아니요, 식당에서 ____________________________________.

3) 가: ____.
   나: ____.

7. **같이 사는 친구가 많이 아프대요. 그 친구를 위해서 무엇을 해 줄 거예요? '-어/아다(가)'를 사용해서 이야기를 쓰세요.**

8. **다음 문형을 넣어서 친구와의 대화문을 만드세요.**

-잖아 **-어/아다(가)**

친구:
나:
친구:
나:

9. 학교 게시판에 붙일 수 있는 생활 정보 광고를 만드세요.

분실물 광고　　언어교환 광고　　중고품 판매 광고

1)	
〈그림〉	〈글〉

2)	
〈그림〉	〈글〉

제8과 약국 〈1〉

이름 : ______________

1. 다음에서 알맞은 단어를 골라 빈칸에 쓰세요.

열	기침	독감	처방전	환절기	증상	진통제	해열제

1) 약을 사려면 병원에서 ________ 받아 가지고 오세요.
2) 어디가 아파요? ________ 말씀해 주시면 약을 드릴게요.
3) 요즘 유행하는 ________ 약을 먹어도 잘 낫지 않는대.
4) 머리가 너무 아파서 참을 수가 없어요. _______ 좀 주세요.
5) 감기에 걸렸는데 해열제를 먹어도 _________ 떨어지지 않아.
6) ________ 아침저녁으로 기온 차이가 크기 때문에 감기를 조심해야 돼요.

2. 다음에서 알맞은 단어를 골라 빈칸에 쓰세요.

붓다	어지럽다	떨리다	막히다	심하다

1) 하루 종일 콧물이 나고 코가 ______________ 힘들었어.
2) 약을 먹고 계속 누워 있어서 그런지 머리가 ______________.
3) 목감기 때문에 목이 많이 ________________ 어떻게 하면 좋을까?
4) 감기 때문인지 몸이 _____________ 추워서 기운이 하나도 없어요.
5) 해열제를 먹어도 열이 떨어지지 않을 만큼 열이 _______________.

3. 다음 단어와 표현을 넣어서 문장을 만들어 보세요.

1) 긴장하다: ____
2) 식후 30분: ____
3) 사이가 좋다: ____
4) 입맛이 없다: ____

4. '-어/아서 그런지'를 넣어서 다음 질문에 답하세요.

1) 가: 오늘 왜 이렇게 힘이 없어? 어디 아파?

나: ______________________ 기운이 없네.

2) 가: 약을 사러 간다고 했잖아요? 왜 빈손으로 오세요?

나: ______________________ 약국이 다 문을 닫았어요.

3) 가: 어제 잠을 잘 못 잤어? 왜 그렇게 졸고 있어?

나: ______________________ 너무 졸려.

4) 가: 도서관에 가면 공부하기가 더 좋을 텐데, 왜 여기에서 공부하세요?

나: ______________________ 도서관에 자리가 없어요.

5) 가: 목소리가 왜 그래? 목이 쉰 것 같은데?

나: ______________________.

6) 가: 음식이 입에 안 맞으세요? 조금 더 드시지 그래요?

나: ______________________.

5. '-(으)ㄹ 테니까'를 넣어서 다음 대화를 완성하세요.

1) 가: 점심에 밥을 급하게 먹어서 그런지 소화가 안 돼요.

나: 그럼 이 약을 ______________ 하루에 세 번 식후에 드세요.

2) 가: 열이 나고 기침이 심한데 기운이 없어서 병원에 못 가겠어요.

나: 제가 약국에 가서 ______________ 집에서 기다리세요.

3) 가: 내일은 늦잠 자면 안 되는데 큰일이야.

나: ______________________ 너무 걱정하지 마.

4) 가: 제가 언제쯤 전화하면 될까요?

나: ______________________ 언제든지 전화하세요.

5) 가: 피곤해서 그런지 너무 졸려서 운전하기 힘드네요.

나: ______________________.

6) 가: 저녁에 손님이 오는데 나는 요리를 잘 못해서 걱정이야.

나: ______________________.

6. '-(으)ㄹ 테니까'를 넣어서 다음 질문에 답하세요.

1) 가: 택시를 타고 갈까?
   나: 지금은 퇴근시간이어서 ______________________________.

2) 가: 내일 지하철 역에서 만나는 게 어때요?
   나: ______________________________ 학교 앞에서 만납시다.

3) 가: 내일 등산을 가는데 무엇을 준비하면 좋을까?
   나: ______________________________.

4) 가: 두통약을 사러 가는 길인데, 오늘 약국 문을 열었을까요?
   나: 오늘은 일요일이어서 ______________________________.

5) 가: 지금 학교에 가면 선생님을 만날 수 있을까?
   나: 수업이 다 끝나서______________________________.

6) 가: 민수 씨가 영화표를 예매하기로 했는데 예매했을까요?
   나: 그 친구는 게을러서______________________________.

7. 다음과 같이 단어와 문형을 넣어서 약국에서의 대화를 완성하세요.

> 가: **날씨가 추워서 그런지 콧물이 많이 나요.**
> 나: **감기약을 드릴 테니까** 하루에 세 번 식후 30분에 **드세요.**

1) 가: (열이 나다) ______________________________
   나: (해열제) ______________________________

2) 가: (잠이 안 오다) ______________________________
   나: (수면제) ______________________________

3) 가: (소화가 안 되다) ______________________________
   나: (소화제) ______________________________

4) 가: (   ) ______________________________
   나: (   ) ______________________________

8. 다음에서 한 가지 주제를 선택하고 배운 단어와 문법을 사용해 글을 쓰세요.

1) 내가 아픈 날의 일기
2) 아픈 친구를 도와준 이야기

제8과 약국 〈2〉

이름 : ______________

1. 다음에서 알맞은 단어를 골라 빈칸에 쓰세요.

알약	가루약	물약	안약	연고	파스

1) 눈이 아플 때마다 이 ________ 눈에 넣으세요.
2) 계속 열이 나면 아까 드린 ________ 한 번에 두 알씩 드세요.
3) 발목이 많이 부었네요. ________ 드릴 테니까 매일 바르도록 하세요.
4) 운동을 심하게 해서 그런지 어깨가 아파요. ________ 한 장만 주세요.
5) 알약은 너무 커서 아이들이 먹을 수 없을 테니까 ________(이)나 ________ 드릴게요.

2. 다음에서 알맞은 단어를 골라 빈칸에 쓰세요.

넘어지다	부딪치다	삐다	붓다	다치다	찢어지다

1) 달리기를 하다가 ________ 다리를 다쳤어.
2) 동생이 높은 구두를 신었다가 발목을 ________.
3) 교통사고가 나기는 했지만 크게 ________ 않아서 다행이에요.
4) 축구를 하다가 상대편 선수하고 ________ 넘어졌는데 무릎은 깨지고 이마는 ________ 피가 많이 났어요.

3. 다음 표현을 넣어서 문장을 만들어 보세요.

1) 주사를 맞다: ______________________________
2) 진료를 받다: ______________________________
3) 상처가 나다: ______________________________
4) 통증이 심하다: ______________________________

4. '-(으)ㄴ/는 데다가'를 넣어서 다음 대화를 완성하세요,

1) 가: 어디가 불편하세요?

나: 음식을 잘못 먹어서 그런지 ________________.

2) 가: 이번에 여행 갈 때 버스 타고 가자. 버스가 기차보다 싸거든.

나: 그래도 기차가 더 좋지 않아? 버스는 ________________.

3) 가: 많이 피곤해 보이네요. 요즘 일이 많은가 봐요?

나: ________________.

4) 가: 전자 사전 새로 샀구나. 어때? 마음에 들어?

나: ________________.

5) 가: 감기에 걸리셨군요. 어디가 어떻게 불편하세요?

나: ________________.

6) 가: 약을 드시고 나서 좋아지셨어요?

나: 네, ________________.

5. '-도록', '-도록 하세요'를 넣어서 다음 대화를 완성하세요.

1) 가: 내일 말하기 시험이 있는데 잘 할 수 있을지 걱정이에요.

나: ________________ 충분히 연습해 놓으세요.

2) 가: 약도를 그려 줄 테니까 그걸 보고 사무실로 찾아가 보세요.

나: 혼자서 ________________ 자세하게 그려 주세요.

3) 가: 이 약을 오래 먹으면 변비가 생기지 않을까요?

나: 그러니까 ________________ 물을 자주 드세요.

4) 가: 감기에 걸리지 않으려면 어떻게 해야 하나요?

나: 감기를 예방하려면 ________________.

5) 가: 무릎이 찢어져서 피가 나.

나: 상처를 소독한 후에 ________________.

6) 가: 요즘 우울하고 잠도 오지 않아.

나: ________________.

6. 다음 표현을 넣어서 문장을 만드세요.

죽도록　　밤새도록　　목이 터지도록　　목이 빠지도록
귀가 아프도록　　배가 터지도록　　배꼽이 빠지도록

1	
2	
3	
4	
5	
6	
7	

7. 다음과 같이 '-(으)ㄴ/는 데다가'와 '-도록 하다'를 사용해서 대화를 완성하세요.

〈 머리가 아프다 – 기침이 난다〉
가: 머리가 **아픈 데다가 기침도 나요.**
나: 제가 감기약을 드릴 테니까 시간을 놓치지 말고 **먹도록 하세요.**

1	〈넘어져서 발목을 삐었다 – 무릎이 찢어졌다〉 가: ________ 나: ________
2	〈열이 많이 나다 – 기침이 심하다〉 가: ________ 나: ________
3	〈문법이 어렵다 – 외워야 할 단어가 많다〉 가: ________ 나: ________

8. 다음에서 한 가지 주제를 선택하고 배운 단어와 문법을 사용해 글을 쓰세요.

1) 내가 알고 있는 다양한 응급처치 방법
2) 다쳤을 때의 증상과 치료

제9과 결혼 〈1〉

이름 : ________________

1. 다음에서 알맞은 단어를 골라 빈칸에 쓰세요.

청첩장	부조금	주례	예물	예식장	하객

1) 결혼식에 초대하려면 __________ 보내야 한다.
2) 같은 반 친구가 학교 근처에 있는 ___________ 결혼을 한대요.
3) 결혼식에 돈이 많이 들 테니까 선물 말고 __________ 주는 게 어때?
4) 저희는 ________ 살 돈을 아껴서 유럽으로 신혼여행을 가기로 했어요.
5) 이제 곧 결혼식이 시작됩니다. _______ 여러분은 모두 자리에 앉아주세요.
6) 검은 머리가 파뿌리가 되도록 사랑하라는 _______ 선생님의 말씀이 기억에 남는다.

2. 다음에서 알맞은 단어를 골라 빈칸에 쓰세요.

당연하다	성실하다	입장하다	연애하다	이해하다

1) 두 사람은 결혼하기 전에 10년 동안 ______________.
2) 부모님이 자식을 걱정하는 것은 _____________ 일이다.
3) 아버지의 손을 잡고 _____________ 신부의 모습은 참 아름다웠다.
4) 국제결혼을 한 부부는 서로의 문화를 _____________ 위해 노력해야 한다.
5) 그 사람은 언제나 자기의 일을 열심히 하는 _____________ 사람이다.

3. 다음 단어와 표현을 넣어서 문장을 만들어 보세요.

1) 외모: ____
2) 재산: ____
3) 학력: ____
4) 영원히: ____
5) 사랑에 빠지다: ____________________________________

4. '-느라고'를 넣어서 다음 질문에 답하세요.

1) 가: 얼굴이 왜 그렇게 빨개졌어요?

나: 날씨가 추운데 친구를 ________ 밖에서 한 시간 동안 서 있었거든요.

2) 가: 피곤해 보여요. 무슨 일 있어요?

나: 어제 늦게까지 ____________________.

3) 가: 왜 이렇게 늦었어요? 다른 사람들은 벌써 다 도착했는데…….

나: 미안해요. ____________________.

4) 가: 오늘 하루 종일 뭐 했어? 전화했는데 전화도 안 받고…….

나: ____________________.

5) 가: 오랜만이에요. 요즘 어떻게 지내세요?

나: ____________________.

6) 가: 어제 같이 만나기로 해 놓고 왜 약속을 안 지켰어?

나: ____________________.

5. '-어/아 왔다', '-어/아 갈 거다'를 넣어서 다음 대화를 완성하세요.

1) 가: 어려운 문제가 생기면 누구와 의논합니까?

나: 지금까지는 ____________________.

2) 가: 한국어를 꽤 잘하시네요. 얼마 동안 공부했어요?

나: ____________________.

3) 가: 지금 사귀고 있는 여자 친구를 언제부터 만났어?

나: ____________________.

4) 가: 한국어를 잘 하려면 한국어뿐만 아니라 한국 문화도 배워야 해요.

나: 맞아요. 앞으로 하나하나 ____________________.

5) 가: 3년 동안 사귀어 오다가 결혼했으니까 앞으로도 잘 살겠지?

나: 그럼. 앞으로도 ____________________.

6) 가: 앞으로 무엇을 하면서 어떻게 살아 갈 거예요? 계획을 말해 보세요.

나: 앞으로 ____________________.

6. '-어/아 가다'를 넣어서 다음 질문에 답하세요.

1) 가: 이제 잘 시간인데 숙제는 다 했니?

나: 네, 거의 다 ______________________________.

2) 가: 자, 이제 1분 남았습니다. 답을 다 썼습니까?

나: 아니요. 잠깐만요. ______________________________.

3) 가: 회의를 곧 시작하려고 하는데 지금 어디예요? 언제 도착해요?

나: ____________________. 5분만 기다려 주세요.

4) 가: 신랑, 신부와 사진을 찍고 싶은데, 결혼식은 언제 끝나요?

나: ______________________________.

7. 다음과 같이 여러분의 가족이나 친구에게 그동안의 고마운 마음을 표현해 보세요.

선생님, 매일 한국어를 **가르치느라고** 힘드시지요? 이제부터 선생님이 걱정하지 않도록 공부를 더 열심히 할게요.	
부모님께	
선생님께	

8. 다음 문형을 넣어서 여러분의 유학생활에 대해서 써 보세요.

지금까지 -어/아 왔다	앞으로 -어/아 갈 거다
-느라고 힘들다	-느라고 바쁘다

9. 다음에서 한 가지 주제를 선택하고 배운 단어와 문법을 사용해 글을 쓰세요.

1) 내가 가 본 결혼식 소개　　2) 우리나라의 결혼식 소개

제9과 결혼 〈2〉

이름 : ______________

1. 다음에서 알맞은 단어를 골라 빈칸에 쓰세요.

결혼기념일	데이트	장난감	유모차	자장가

1) 아기를 태우고 다닐 수 있는 ________ 선물 받았어요.
2) 팔짱을 끼고 걸어가는 두 사람은 ________ 중인 것 같다.
3) 아이들에게 ________ 가지고 논 후에 꼭 정리를 하도록 했다.
4) 오늘은 우리 부모님이 결혼하신 지 30년이 되는 __________.
5) 아기에게 우유를 먹이고 나서 _______ 불러주니까 금방 잠이 들었다.

2. 다음에서 알맞은 단어를 골라 빈칸에 쓰세요.

낳다	돌보다	키우다	교육을 시키다	낫다

1) 한국에서는 어릴 때부터 존댓말을 쓰도록 ______________________.
2) 부모님, 20년 동안 저를 __________ 고생이 많으셨어요.
3) 어린이집은 일하는 엄마들을 위해 아기를 __________ 주는 곳이에요.
4) 임신한 언니가 어제 저녁에 쌍둥이를 ___________ 연락이 왔어.
5) 오늘은 비도 오고 바람도 부니까 등산은 내일 가는 것이 __________.

3. 다음 단어를 넣어서 글을 완성하세요.

먹이다 입히다 깨우다 씌우다 맡기다 태우다 맞추다
나는 하루 중에 아침이 제일 바쁘다. 8시까지 아이를 어린이집에 _____ 하기 때문에 자는 아이를 일찍 _____. 먼저 아이에게 아침을 ________, 옷을 ________, 모자를 _______. 그리고 시간에 _______ 아이를 유치원 버스에 ________.

4. 다음 문장을 사동문으로 바꿔 쓰세요.

1) 아기가 자요.

⇒ 엄마가 ______________________.

2) 동생이 울어요.

⇒ 형이 ______________________.

3) 벌레가 죽어요.

⇒ 아빠가 ______________________.

4) 라면이 끓어요.

⇒ 친구가 ______________________.

5) 사람들이 웃어요.

⇒ 코미디언이 ______________________.

6) 아기가 우유를 먹어요.

⇒ 할머니가 ______________________.

7) 동생이 신발을 신어요.

⇒ 누나가 ______________________.

8) 학생이 의자에 앉아요.

⇒ 선생님이 ______________________.

5. 다음 단어를 사용해서 문장을 만드세요.

1) (벗기다, 양말, 엄마, 아기)

⇒ ______________________.

2) (빗기다, 동생, 머리, 언니)

⇒ ______________________.

3) (씻기다, 아기, 손, 형)

⇒ ______________________.

4) (태우다, 택시, 아저씨, 할머니)

⇒ ______________________.

6. '-게 하다'를 넣어서 다음과 같이 조언을 해 보세요.

> 가 : 요즘 남편이 담배를 너무 많이 피워서 걱정이에요.
> 나 : 물을 자주 **마시게 하세요.** 그리고 껌을 자주 **씹게 하세요.**

1) 가: 아이가 계속 기침을 해요.
   나: ______________________________.
2) 가: 같은 방을 쓰는 친구가 공부는 하지 않고 게임만 해.
   나: ______________________________.
3) 가: 여자 친구가 살을 빼고 싶어 해요.
   나: ______________________________.
4) 가: 친구가 중간 쓰기 시험을 너무 못 봤어.
   나: ______________________________.
5) 가: 친구가 한국어 공부를 어려워 해서 도와주고 싶은데 어떻게 하면 좋을까요?
   나: ______________________________.
6) 가: 친구가 매일 지각을 해. 밤마다 뭘 하는지 모르겠어.
   나: ______________________________.

7. 부모님이 여러분에게 하게 하신 일과 못 하게 하신 일에는 무엇이 있어요? 써 보세요.

하게 하신 일	1) 날마다 방청소를 하게 하셨다.
	2)
	3)
못하게 하신 일	1) 담배를 못 피우게 하셨다.
	2)
	3)

8. 다음에서 한 가지 주제를 선택하고 배운 단어와 문법을 사용해 글을 쓰세요.

1) 아기 돌보기　　　2) 애완 동물 기르기

제10과 수리 〈1〉

이름 : ____________

1. 다음에서 알맞은 단어를 골라 빈칸에 쓰세요.

냉장고	세탁기	전기스탠드	디지털 카메라	충전기

1) ____________ 오래돼서 그런지 세탁이 잘 되지 않아요.
2) 방이 좀 어두워서 책을 볼 때는 ____________ 켜야 해.
3) 옛날 카메라는 필름이 필요하지만 ____________ 필름이 필요 없어요.
4) ________ 고장이 나서 그런지 어제 넣어 놓은 음식이 상해 버렸어.
5) ________ 안 가지고 와서 여행하는 동안 휴대 전화를 사용할 수 없었어요.

2. 다음에서 알맞은 단어를 골라 빈칸에 쓰세요.

고장이 나다	작동이 안 되다	충전하다	배터리가 나가다	전원을 켜다

1) 전자 사전의 ________________ 빨간 버튼을 누르세요.
2) 휴대 전화의 ________________ 하루 종일 통화를 못했어.
3) 컴퓨터가 갑자기 멈춰 버리고 나서 ________________.
4) 에어컨이 ________________ 선풍기를 사용할 수밖에 없어.
5) 디지털 카메라를 사용하려면 먼저 1시간 정도 ________________.

3. 다음 단어를 설명해 보세요.

1) 서비스 센터: ________________________________
2) 출장 수리비: ________________________________
3) 무상수리 기간: ________________________________

4. '-(으)ㄴ 지 (-이/가) 되다' 를 넣어서 다음 대화를 완성하세요.

1) 가: 한국말을 정말 잘 하는데, 한국에 언제 왔어요?
   나: ______________________________.
2) 가: 지금 사귀고 있는 여자/남자 친구는 언제부터 만났어?
   나: ______________________________.
3) 가: 아이가 벌써 7살이에요? 결혼은 언제 하셨어요?
   나: ______________________________.
4) 가: 카메라를 언제 샀는데 고장났어?
   나: ______________________________.
5) 가: 고향에 언제 갔다왔어요? 오래 됐어요?
   나: ______________________________.
6) 가: 1년 전에 여행을 가보고 지금까지 한 번도 못 갔어요.
   나: 저는 ______________________________.

5. '-어/아 버리다' 를 넣어서 다음 대화를 완성하세요.

1) 가: 선풍기가 작동이 안 되네요?
   나: 오래돼서 그런지 ______________________________.
2) 가: 왜 하루 종일 전화를 안 받았어?
   나: 미안해. 어제 충전을 안 해 놓아서 ______________________________.
3) 가: 왕강 씨는 어디 갔어요? 같이 저녁 먹기로 하지 않았어요?
   나: 급한 일이 생겼다면서 먼저 ______________________________.
4) 가: 그 책 어땠어요? 읽으면 읽을수록 재미있지 않아요?
   나: 네. 너무 재미있어서 세 시간 만에 다 ______________________________.
5) 가: 휴대 전화를 또 바꿨어? 한 달 전에 바꿨잖아.
   나: ______________________________.
6) 가: 용돈을 더 달라고? 지난주에 이번 달 용돈을 줬잖아.
   나: ______________________________.

6. 다음과 같이 단어와 문형을 넣어서 대화를 완성하세요.

> 가: 공부를 하는데 전기스탠드가 **꺼져 버렸어요.**
> 나: 그 전기스탠드는 **사용한 지 10년이 넘었잖아요.**

1) 가: 빨래를 하는데 갑자기 세탁기가 (멈추다) ________________.
   나: 그 세탁기는 (구입하다) ________________.
2) 가: 게임을 하는데 갑자기 컴퓨터가 (꺼지다) ________________.
   나: 그 컴퓨터는 (새로 사다) ________________.
3) 가: 전화를 하고 있는데 갑자기 배터리가 (나가다) ________________.
   나: 그 휴대 전화는 (고치다) ________________.
4) 가: 디지털 카메라로 찍은 사진들이 (지워지다) ________________.
   나: 그 카메라는 (사용하다) ________________.

7. 다음 문형을 사용해서 한국에서 새로 산 전자제품을 소개해 보세요.

−(으)ㄴ 지 (−이/가) 되다/지나다	−(으)ㄴ 지 −밖에 안 되다

8. 요즘 원하지 않거나 예측하지 못한 일이 생긴 적이 있으면 '−어/아 버리다'를 사용해서 쓰세요.

9. 다음에서 한 가지 주제를 선택하고 배운 단어와 문법을 사용해 글을 쓰세요.

1) 고장 난 전자 제품을 수리해 본 경험
2) 우리 집에 있는 전자 제품 소개

제10과 수리 〈2〉

이름 : ________________

1. 다음에서 알맞은 단어를 골라 빈칸에 쓰세요.

천장	벽	바닥	형광등	손잡이	난방	냉방

1) 욕실 문의 ________ 고장 나서 문을 열 수가 없어.
2) 우리 집은 오래돼서 비가 오면 ________ 물이 새요.
3) ________ 자주 꺼졌다가 켜져서 새 것으로 갈아 끼웠어.
4) 겨울이 되기 전에 ________ 잘 되는지 보일러를 확인해 보세요.
5) 제 방의 ________ 시계가 걸려 있고 ________ 책이 쌓여 있어요.

2. 다음에서 알맞은 단어를 골라 빈칸에 쓰세요.

흐르다	잠그다	막히다	문의하다	없애다

1) 화장실의 변기가 ________ 물이 안 내려가.
2) 세면대 수도꼭지가 고장이 나서 그런지 물이 계속 ________.
3) 아무리 문을 ________ 잘 잠기지 않아서 수리기사를 불렀어.
4) 이사를 하기 전에 공사를 해서 베란다를 ________ 거실을 넓히기로 했어요.
5) 거실 공사를 하기 전에 비용이 얼마나 드는지 수리 센터에 ________.

3. 다음 단어와 표현을 넣어서 문장을 만들어 보세요.

1) 훨씬: ________________
2) 포함하다: ________________
3) 집을 짓다: ________________
4) 전기가 나가다: ________________

4. '-((으)ㄴ/는) 대로' 를 넣어서 다음 대화를 완성하세요.

1) 가: 집들이에 초대 받았는데 길이 너무 복잡해서 찾아갈 수 있을지 걱정이야.
   나: 걱정 마. 초대장에 있는 ________________.
2) 가: 이번 학기에는 장학금을 타고 싶은데 탈 수 있을까요?
   나: 그럼요. 우리가 어제 세운 ________________.
3) 가: 지금 숙제를 하려고 하는데 어떻게 해야 할지 모르겠어.
   나: 수업시간에 선생님께서 ________________.
4) 가: 이번 연극대회에서 우리 반이 잘 할 수 있을지 걱정이에요.
   나: ________________.
5) 가: 설날에 친구 부모님께 세배 드리러 가려고 하는데 어떻게 해야 할지 모르겠어.
   나: ________________.
6) 가: 제가 그 일을 잘 할 수 있을까요?
   나: ________________.

5. '-(으)ㄴ/는/(으)ㄹ 게 아니라' 를 넣어서 다음 질문에 답하세요.

1) 가: 선생님이 사무실에 안 계시네요. 벌써 퇴근하셨나요?
   나: ________________.
2) 가: 어제 수업 중에 우리 반 친구들이 싸웠대요. 정말이에요?
   나: ________________.
3) 가: 다른 음식은 왜 안 먹어? 맛이 없어?
   나: ________________.
4) 가: 지금 울고 있는 거예요? 무슨 일이에요?
   나: ________________.
5) 가: 내일 집들이에 어떤 음식을 준비할까요? 한국 음식 어때요?
   나: ________________.
6) 가: 집 수리를 하려면 돈이 많이 들 텐데 이사를 가는 게 나을까?
   나: ________________.

6. **다음의 상황에서 '-((으)ㄴ/는) 대로'를 넣어서 친구에게 할 말을 쓰세요.**

1	어떤 옷을 사야 할지 모르는 친구에게
2	한식당에서 한국 전통음식을 어떻게 먹는지 모르는 친구에게
3	작문 숙제를 어떻게 써야 할지 고민하는 친구에게

7. **'-(으)ㄹ 게 아니라'를 사용해서 다음 대화를 완성하세요.**

1) 가: 한국어가 너무 어려워서 그냥 고향에 돌아갈까 해.
   나: ____________________.
2) 가: 그 동안 너무 바빴으니까 오늘은 집에서 쉴까 해요.
   나: ____________________.
3) 가: 여자 친구 생일인데 뭘 선물해야 할지 몰라서 꽃이나 살까 해.
   나: ____________________.

8. **'-(으)ㄴ/는 대로', '-(으)ㄹ 게 아니라'를 사용해서 친구에게 조언을 해 보세요.**

제가 살고 있는 방은 너무 오래돼서 그런지 문제가 많아요. 화장실의 수도꼭지에서는 물이 새고, 변기는 너무 자주 막혀요. 하지만 이 방이 학교에서 가깝고 또 방세도 싸서 내가 할 수 있는 만큼 수리를 해서 살려고 해요.

9. 다음에서 한 가지 주제를 선택하고 배운 단어와 문법을 사용해 글을 쓰세요.

1) 지금 살고 있는 집 수리하기　　2) 내가 짓고 싶은 집

제11과 신문 〈1〉

이름 : ____________

1. 다음에서 알맞은 단어를 골라 빈칸에 쓰세요.

기사	기자	독자	정기구독	신문배달

1) 저는 세상의 모든 일을 알리는 신문 ____________ 되고 싶어요.
2) 이 신문 기사를 읽은 ____________ 생각이 다 달라요.
3) 신문에 나온 ____________ 계속 읽어 가면 공부에 도움이 될 거야.
4) 매일 신문을 사서 보는 것보다 ____________ 하면 더 싸고 편해요.
5) 요즘 ____________ 아르바이트를 하고 있어서 새벽에 일어나야 한다.

2. 다음에서 알맞은 단어를 골라 빈칸에 쓰세요.

늘다	줄다	예상하다	금지하다	찬성하다

1) 요즘은 경제가 어려워서 일자리가 많이 ____________.
2) 저는 길거리에서 담배를 못 피우게 하는 것에 대해서 ____________.
3) 경제가 좋아지면서 해외 여행하는 사람들이 많이 ____________.
4) 경제 전문가는 내년의 경제 상황이 좋아질 거라고 ____________.
5) 백화점에서는 강아지를 안고 들어오는 것을 ____________.

3. 다음 단어와 표현을 넣어서 문장을 만들어 보세요.

1) 주간 신문: ____________
2) -이/가 열리다: ____________
3) -이/가 정해지다: ____________
4) -에 대해서 반대하다: ____________

4. '제가 -기에는'을 넣어서 다음 대화를 완성하세요.

1) 가: 아이들에게 휴대 전화를 사 주는 것에 대해서 어떻게 생각하세요?
   나: ______________________________

2) 가: 일 년 정도 공부하면 한국어를 잘 할 수 있을까요?
   나: ______________________________

3) 가: 그 친구가 갑자기 왜 고향에 돌아갔대요? 무슨 일인지 알아요?
   나: ______________________________

4) 가: 손님, 이 옷을 한 번 입어 보세요. 아주 잘 어울릴 것 같아요.
   나: ______________________________

5) 가: 내일도 날씨가 추울까요?
   나: ______________________________

6) 가: 한국 가요나 드라마가 왜 인기가 있다고 생각하세요?
   나: ______________________________

5. '-(으)니까', '-어/아 보니까'를 넣어서 다음 대화를 완성하세요.

1) 가: 어제 너한테 화내서 미안해. 내가 사과할게.
   나: 아니야. 집에 가서 (생각하다) ______________________________

2) 가: 축구 대회에서 어느 나라가 우승했대요?
   나: 신문에서 (보다) ______________________________

3) 가: 이번 시험에 대해서 선생님께 물어 봤지? 어떻대?
   나: ______________________________

4) 가: 주말에 친구들하고 등산하기로 했는데 날씨가 어떨지 모르겠어요.
   나: ______________________________

5) 가: 삼계탕을 먹어 본 적이 있어요? 맛이 어땠어요?
   나: ______________________________

6) 가: 오늘 새로 오신 선생님이 어떤 분인 것 같아요?
   나: ______________________________

6. '제가 -기에는' 을 넣어 다음 주제에 대한 생각을 쓰세요.

세계 경제: 제가 생각하기에는 앞으로 세계 경제가 좋아질 것 같아요.

1) 한국어 공부: ____________________

2) 유학 생활: ____________________

3) 한국 영화: ____________________

4) 한국의 물가: ____________________

7. 다음 문형을 넣어서 '한국에서 생활한 경험' 을 쓰세요.

-(으)니까	-아/아 보니까

8. 두 가지 중에서 하나를 ☑하고 '제가 -기에는' 을 사용해서 자신의 생각을 쓰세요.

성공하려면 꼭 대학을 졸업해야 한다.	
☐ 찬성	☐ 반대

9. 다음에서 한 가지 주제를 선택하고 배운 단어와 문법을 사용해 글을 쓰세요.

1) 대학생 아르바이트에 대한 나의 생각
2) 최근 중요한 기사에 대한 나의 생각

제11과 신문 〈2〉

이름 : ____________

1. 다음에서 알맞은 단어를 골라 빈칸에 쓰세요.

국제면	정치면	사회면	경제면	축제	선거

1) 올해 서울시에서는 시장을 뽑는 __________ 있다고 합니다.
2) __________ 요즘 환율이 계속 오르고 있다는 기사가 있었어요.
3) 다른 나라에 대한 기사를 보려면 신문의 __________ 읽어 봐.
4) 봄에는 벚꽃 __________ 열린다면서요? 우리도 한 번 가 봅시다.
5) __________ 보면 그날의 사건이나 사고에 대한 기사를 볼 수 있어요.

2. 다음에서 알맞은 단어를 골라 빈칸에 쓰세요.

이해하다	참가하다	우승하다	거절하다	조사하다

1) 이번 올림픽 경기에 __________ 국가는 모두 204개국입니다.
2) 정부와 경찰은 그 교통사고의 원인을 __________.
3) 지난 월드컵에서 어느 나라가 __________ 알아요?
4) 그 회사 사장은 월급을 올려 달라는 직원들의 요구를 __________.
5) 국제결혼은 문화차이와 언어차이가 있지만 서로 __________ 마음이 있으면 큰 문제가 없을 거예요.

3. 다음 단어와 표현을 넣어서 문장을 만들어 보세요.

1) 주로: ____________________
2) 박수를 받다: ____________________
3) 마음을 놓다: ____________________
4) 화재가 나다: ____________________

4. '-다면서요?/라면서요?'를 넣어서 다음 대답에 맞는 질문을 만드세요.

1) 가: 영화배우 K씨하고 가수 J씨가 ______________________?
   나: 네. 두 사람이 데이트하는 것을 본 사람이 있대요.

2) 가: 어제 명동에서 ______________________?
   나: 아닌데요. 그 사람은 남자친구가 아니라 제 남동생이에요.

3) 가: ______________________?
   나: 저도 신문을 보고 나서 알았어요. 사람들이 많이 다쳤대요.

4) 가: ______________________?
   나: 저도 국제면에서 봤는데, 미국에서 최초의 흑인 대통령이래요.

5) 가: ______________________?
   나: 네. 그래서 아침에 일찍 집에서 나와야 돼요.

6) 가: ______________________?
   나: 그런데 제가 결혼하는 것을 어떻게 알았어요?

5. '-게 되다'를 넣어서 다음 대화를 완성하세요.

1) 가: 어떻게 하면 그렇게 빨리 한국어를 잘 할 수 있어요?
   나: 매일 한국어로 말하고 연습하면 ______________________

2) 가: 한국 대통령이 유럽을 방문한다는 뉴스를 들었어요?
   나: 오늘 아침에 뉴스를 보고 ______________________

3) 가: 한국 신문을 잘 읽으시네요.
   나: ______________________

4) 가: 이제 매운 음식도 잘 먹네요.
   나: ______________________

5) 가: 조금만 더 공부하면 졸업할 수 있는데 왜 갑자기 고향에 돌아가요?
   나: ______________________

6) 가: 아무도 모를 줄 알았는데 어떻게 그 소식을 알게 되었어요?
   나: ______________________

6. **다음과 같이 '-다면서요?/라면서요?' 를 넣어 문장을 바꿔 쓰세요.**

"한국은 5년마다 대통령 선거가 있다."
→ 한국은 5년마다 대통령 선거가 **있다면서요?**

1) "오늘 오후 2시 인천의 한 호텔에서 불이 나서 두 명이 크게 다쳤다."
→ ______________________________
2) "한국과 중국의 배우가 함께 출연한 영화가 다음 주에 개봉된다."
→ ______________________________
3) "추석을 한 달 앞두고 시장 물가가 다시 오르고 있다."
→ ______________________________

7. **다음과 같이 한국에 와서 달라진 점을 '-게 되다' 를 넣어 써 보세요.**

고향에서는 요리를 해 본 적이 별로 없었는데 한국에 와서는
매일 직접 요리를 하**게 되었어요.**

1	
2	

8. **다음과 같이 '-다면서요?' 와 '-게 되다' 를 넣어 대화문을 만들어 보세요.**

가: 다음 주에 동해바다에 **간다면서요?**
나: 네. 친구하고 같이 문화수업을 신청해서 **가게 되었어요.**

1) 가: ______________________________
나: ______________________________
2) 가: ______________________________
나: ______________________________
3) 가: ______________________________
나: ______________________________

9. 배운 단어와 문법을 사용하여 신문기사를 소개하고 대화문을 쓰세요.

내가 읽은 신문 기사 소개

문법	-게 되다 -(으)ㄴ/는/(으)ㄹ 것 같다
신문기사 소개	

문법	-(ㄴ/는)다면서요? -(이)라면서요? -(ㄴ/는)대요/래요/내요/재요
대화문 쓰기	가:
	나:
	가:
	나:
	가:
	나:
	가:
	나:

제12과 진로 〈1〉

이름 : ________________

1. 다음에서 알맞은 단어를 골라 빈칸에 쓰세요.

이력서 자기소개서 추천서 성적증명서 졸업증명서 합격자 발표

1) 선생님께서 ____________ 써 주셔서 대학원 입학 시험에 도움이 됐어요.
2) 자기가 어떤 사람인지 잘 보여줄 수 있도록 ____________ 쓰세요.
3) 보통 ____________ 이름, 주소, 연락처, 학력, 경력 등을 써야 돼요.
4) 이번 입학시험 결과가 궁금하면 홈페이지에서 ____________ 확인하세요.
5) 회사에 지원하려면 학교 다닐 때의 성적을 보여주는 ____________, 어느 학교를 졸업했는지 알려주는 ____________ 준비해 놓아야 해요.

2. 다음에서 알맞은 단어를 골라 빈칸에 쓰세요.

건축학과 경영학과 신문방송학과 연극영화학과 컴퓨터공학과 한국어교육과

1) 재미있고 감동적인 영화를 만들고 싶어요. (　　　　)
2) 고향 사람들에게 한국어를 가르치고 싶어요. (　　　　)
3) 우리나라에서 가장 높은 건물을 짓고 싶어요. (　　　　)
4) 사실을 정확하게 전하는 기자가 되고 싶어요. (　　　　)
5) 누구든지 쉽게 컴퓨터를 쓸 수 있게 하고 싶어요. (　　　　)

3. 다음 단어와 표현을 넣어서 문장을 만들어 보세요.

1) 포기하다: ________________________________
2) 적성에 맞다: ________________________________
3) 최선을 다하다: ________________________________
4) 장래성이 있다: ________________________________

4. '-(으)려다가'를 넣어서 다음 질문에 답하세요.

1) 가: 성수 씨의 일을 도와주었어요?

나: ______________________일이 있어서 못 도와주었어요.

2) 가: 네가 그 친구 대신에 숙제해 줬다면서?

나: 아니야, ______________________.

3) 가: 어제 네 연락을 계속 기다렸는데 왜 전화 안 했어?

나: ______________________.

4) 가: 어제 많이 아팠다면서요? 병원에는 다녀왔어요?

나: ______________________.

5) 가: 이번에 대학입학시험 봤지요? 무슨 과에 지원했어요?

나: ______________________.

6) 가: 방학이라서 다들 고향에 돌아갔는데 왜 고향에 안 갔어요?

나: ______________________.

5. '~ 대신에', '-(으)ㄴ/는 대신에'를 넣어서 다음 대화를 완성하세요.

1) 가: 내일 회사 동료의 결혼식에 갈 수 있죠?

나: 저는 바빠서 못 가요. ______________축하한다고 전해주세요.

2) 가: 오늘 친구 생일인데 무슨 선물 준비했어요?

나: 저는 ______________ 맛있는 한국 요리를 해 줄 생각이에요.

3) 가: 어떻게 하면 그렇게 날씬해질 수 있어?

나: 나는 밥을 많이 ______________________.

4) 가: 이번 설 연휴에도 고향에 갔다올 생각인가요?

나: 아니요. 이번에는 ______________________.

5) 가: 어제 영화를 잘 봤어요?

나: 표가 없어서 ______________________.

6) 가: 어제 도와줘서 고마웠어. 너도 나한테 부탁할 게 있으면 언제든지 얘기해.

나: 내가 ______________________.

6. **다음과 같이 단어와 문형을 넣어서 대화를 완성해 보세요.**

가: 대학원에 **가려다가** 왜 안 가기로 했어요?
나: 취업을 해서 대학원에 **가는 대신에** 고향에 가기로 했어요.

1) 가: (하숙을 하다) ______________ 왜 안 하기로 했어요?
   나: 그 집이 멀어서 (하숙을 하다) ____________ 기숙사에 살기로 했어요.
2) 가: (텔레비전을 사다) ______________________ 왜 안 사기로 했어요?
   나: 컴퓨터가 있어서 (텔레비전을 사다) ______ 컴퓨터를 사용하기로 했어요.

7. **다음 문형을 활용하여 바뀐 계획에 대해서 쓰세요.**

-(으)려다가 -기로 했다

나는 옛날에는/처음에는

8. **다음 문형을 활용하여 다른 사람에게 부탁하고 그 대신 어떻게 해줄지 대화문을 만드세요.**

-어/아서　　저 대신에　　-(으)ㄴ/는 대신에 -어/아 줄게요

가:
나:
가:
나:
가:
나:

9. 다음에서 한 가지 주제를 선택하고 배운 단어와 문법을 사용해 글을 쓰세요.

1) 진학에 필요한 자기 소개서 2) 취업에 필요한 자기 소개서

제12과 진로 〈2〉

이름 : ________________

1. 다음에서 알맞은 단어를 골라 빈칸에 쓰세요.

진학	유학	휴학	복학	졸업	어학연수

1) 한국으로 ______________ 온 지 벌써 1년 6개월이 넘었어요.
2) 대학 ________ 후에 대학원으로 ________할까 취직할까 고민 중이에요.
3) 입학하기 전에 외국에 가서 1년 정도 __________ 받을까 생각 중이에요.
4) 대학교 2학년 때 갑자기 몸이 너무 아파서 일 년 동안 ___________하고, 일 년 후에 다시 ___________했는데 공부하기가 너무 힘들었어.

2. 다음에서 알맞은 단어를 골라 빈칸에 쓰세요.

지원하다	합격하다	면접시험을 보다	수강신청을 하다	학점을 따다

1) 내일부터 ______________ 무슨 과목을 들어야 할지 모르겠어.
2) 내일 ______________ 교수님이 어떤 질문을 할지 모르겠어요.
3) 이제 원서를 써야 하는데 어느 학과에 ________________ 결정했어?
4) 입학시험에 ______________ 학생들은 다음 주까지 등록하도록 하세요.
5) 대학에 가면 _____________뿐만 아니라 좋은 친구들을 많이 사귀는 것에도 관심을 갖도록 해.

3. 다음 단어와 표현을 넣어서 문장을 만들어 보세요.

1) 존경하다: ____
2) 정신없이: ____
3) 운이 좋다: ____
4) 원서를 내다: ______________________________________

4. '-자마자'를 넣어서 다음 대화를 완성하세요.

1) 가: 어제도 야근하느라고 많이 힘들었지?
   나: 응. 하도 피곤해서 ______________________.
2) 가: 친구들하고 기다리고 있을 테니까 일이 끝나면 약속 장소로 와.
   나: 알았어. ______________________.
3) 가: 퇴원하면 무리하지 말고 꼭 쉬도록 하세요.
   나: 일이 너무 많아서 ______________________.
4) 가: 서류 정리를 다 하면 바로 사무실로 보내 주세요.
   나: ______________________.
5) 가: 학교에 여행 가방은 왜 가지고 왔어요?
   나: ______________________.
6) 가: 다음 달에 회사를 그만두면 뭐부터 할 거야?
   나: ______________________.

5. '-(으)ㄹ 걸요'를 넣어서 다음 질문에 답하세요.

1) 가: 제니 씨가 이번 시험을 어떻게 봤대요?
   나: 아마 ______________. 열심히 공부했잖아요.
2) 가: 야마다한테 이 영화 같이 보러 가자고 해야겠다. 아직 안 봤겠지?
   나: 이미 ______________. 재미있었다고 했거든요.
3) 가: 와! 이 옷 정말 마음에 든다. 이 옷 한 벌에 얼마나 할까?
   나: 생각보다 ______________. 유명한 상표잖아요.
4) 가: 오늘 회사 일이 몇 시쯤에 끝나요?
   나: 해야 할 일이 많아서 ______________________.
5) 가: 이번 연휴에 부산으로 여행을 갈까 하는데 기차표가 있을까?
   나: ______________________.
6) 가: 오늘 저녁에 선생님께 같이 식사를 하자고 할까요?
   나: ______________________.

6. 다음과 같이 단어와 문형을 넣어서 대화를 완성해 보세요.

> 가: 제니는 **수업이 끝나자마자** 뭘 한대요?
> 나: 아마 **언어 교환을 하러 갈 걸요.**

1) 가: 한솔 씨 동생은 (대학교를 졸업하다) ____________ 뭘 한대요?
   나: 아마 ______________________________.
2) 가: 야마다가 (첫월급을 받다) ____________ 뭘 할 것 같아?
   나: 아마 ______________________________.

7. 다음 문형을 활용하여 여러분이 오늘 한 일과 할 일에 대해서 쓰세요.

-자마자 -었/았다　　　-자마자 -(으)ㄹ 거다

8. 다음 문형을 활용하여 친구들의 진로에 대해서 쓰세요.

-자마자　　　-(으)ㄹ 걸요

9. 다음에서 한 가지 주제를 선택하고 배운 단어와 문법을 사용해 글을 쓰세요.

1) 진로에 대한 나의 고민과 계획
2) 대학 생활을 잘 할 수 있는 방법

제13과 컴퓨터 〈1〉

이름 : ______________

1. 다음에서 알맞은 단어를 골라 빈칸에 쓰세요.

과제	보고서	바이러스	이미지	자판	오타	파일

1) 이 문서는 ____________ 너무 많으니까 다시 수정해서 내세요.
2) 내일까지 한국의 인터넷 문화에 대한 ______________ 써야 해요.
3) 교수님께서 내주신 ____________ 하느라고 주말에 너무 힘들었어요.
4) 이 컴퓨터를 구입하시면 마우스와 _____________ 무료로 드립니다.
5) 소풍 때 찍은 사진을 컴퓨터에 ____________ 파일로 저장해 놓았어요.
6) 컴퓨터 속도가 갑자기 느려지면 __________ 있는지 한번 체크해 보세요.

2. 다음에서 알맞은 단어를 골라 빈칸에 쓰세요.

작성하다	저장하다	복사하다	편집하다	삭제하다	수정하다

1) 타자를 친 후에 오타가 많아서 하나하나 _______________.
2) 필요 없는 파일이나 프로그램은 바로 _____________ 것이 좋다.
3) 컴퓨터로 작업할 때는 항상 작업 중간에 ___________ 안전하다.
4) 똑같은 모양의 표는 다시 만들지 말고 그냥 ____________ 붙여 넣으세요.
5) 컴퓨터로 문서를 ___________ 펜으로 쓰는 것보다 편하고 보기에도 좋다.
6) 글을 다 쓰고 나서 문서를 보기 좋게 ___________ 방법을 배우고 싶어요.

3. 다음 단어와 표현을 넣어서 문장을 만들어 보세요.

1) 입력하다: ____
2) 출력하다: ____
3) 다운이 되다: ____
4) -이/가 밀리다: ____

4. '웬 ~'을 넣어서 다음 대답에 맞는 질문을 만드세요.

1) 가: 이게 ______________________________?

나: 가지고 다니면서 사용하려고 샀어요. 제 노트북 어때요?

2) 가: 이 시간에 ______________________________?

나: 고향에 있는 가족들하고 채팅을 하고 있어요.

3) 가: 이게 ______________________________?

나: 지난 번 문화수업에서 찍은 동영상이에요.

4) 가: 바이러스에 걸렸는지 컴퓨터가 다운돼 버렸어.

나: 그 컴퓨터 산 지 일주일도 안 됐는데, ______________________________?

5) 가: 집이 깨끗해졌네. 갑자기 ______________________________?

나: 사실은 학교 친구들을 집에 초대했거든. 조금 이따가 올 거야.

6) 가: 네가 갑자기 ______________________________?

나: 내일 중요한 시험이 있거든. 오늘 밤을 새워서 공부할 생각이야.

5. '-던'을 넣어서 다음 질문에 답하세요.

1) 가: 어렸을 때 자주 부르던 노래 제목이 뭐예요?

나: ______________________________.

2) 가: 고향에서 자주 먹던 음식이 뭐였어요?

나: ______________________________.

3) 가: 고향에서 친구들하고 자주 가던 곳이 어디였어요?

나: ______________________________.

4) 가: 옛날에 좋아하던 첫사랑은 지금 뭘 하는지 알아요?

나: ______________________________.

5) 가: 그 친구가 하던 이야기가 뭐였어요?

나: ______________________________.

6) 가: 아까 컴퓨터로 하던 일이 뭐야? 왜 갑자기 컴퓨터를 꺼 버리는 거야?

나: ______________________________.

6. 다음과 같이 '웬 ~'을 넣어 문장을 완성해 보세요.

컴퓨터를 사용하지도 않던 사람이 갑자기 **웬** 채팅이에요?

1) 매일 반말로 말하던 사람이 갑자기 ______________________________?
2) 평소에는 연락도 안 하던 네가 ______________________________?
3) 출퇴근 시간도 아닌데 길에 ______________________________?
4) 생일도 아닌데 이게 ______________________________?
5) 오늘 비 온다는 이야기가 없었는데 갑자기 ______________________________?

7. 다음 문형과 단어를 활용하여 고향 생활을 회상하는 글을 쓰세요.

-던	장소/ 공원/ 노래방 …… 사람/ 친구/ 선생님 …… 일/ 음식/ 공부 ……

고향에 있을 때

8. 다음 상황에서 할 수 있는 말을 '-던 네가 웬 ~ ?'을 사용해서 쓰세요.

상황 1	바지만 입는 친구가 오늘은 치마를 입고 왔다.
	→
상황 2	항상 일찍 오는 친구가 오늘은 지각했다.
	→
상황 3	숙제를 잘 하는 친구가 오늘은 숙제를 안 했다.
	→

9. 다음에서 한 가지 주제를 선택하고 배운 단어와 문법을 사용해 글을 쓰세요.

1) 이번 학기를 회상하면서 선생님께 메일 쓰기
2) 한국에 와서 달라진 점에 대해서 부모님께 메일 쓰기

제13과 컴퓨터 〈2〉

이름 : ______________

1. 다음에서 알맞은 단어를 골라 빈칸에 쓰세요.

홈페이지	로그인	아이디	비밀번호	유료	무료

1) 인터넷에서 사용하는 이름을 ______________.
2) 이 인터넷 카페에 있는 자료를 보려면 반드시 __________ 해야 돼요.
3) 자기 ________ 만들어 놓고 사진이나 글을 올리는 네티즌들이 많아요.
4) 인터넷에서 개인정보를 잘 지키려면 가끔 __________ 바꿔야 된대요.
5) 보통 인터넷으로 영화를 보려면 __________ 사이트를 이용해야 하지만
이 사이트에서는 돈을 내지 않고 ___________ 영화를 볼 수 있어요.

2. 다음에서 알맞은 단어를 골라 빈칸에 쓰세요.

검색하다	채팅하다	가입하다	다운로드하다	중독이 되다

1) 그 사이트를 이용하려면 먼저 회원으로 ______________.
2) 제 룸메이트는 지금 방에서 고향 친구와 화상으로 ______________.
3) 인터넷 쇼핑은 직접 가서 물건을 살 필요가 없어서 매우 ___________.
4) 궁금한 정보가 있을 때 인터넷에서 _________ 쉽게 답을 찾을 수 있어요.
5) 제 친구는 하루종일 컴퓨터를 해서 컴퓨터에 ______________.

3. 다음 단어와 표현을 넣어서 문장을 만들어 보세요.

1) 우울하다: ________________________________
2) 예민하다: ________________________________
3) 밤을 새우다: ______________________________
4) -에 집중하다: _____________________________

4. '-(으)ㄹ 줄 몰랐다' 를 넣어서 다음 질문에 답하세요.

1) 가: 인터넷 전화 사용해 보셨어요? 정말 요금이 싸지 않아요?

나: 네. 인터넷 전화요금이 ________________.

2) 가: 화상 채팅 해 보셨어요? 해 보니까 정말 편리해요.

나: 그렇죠? 저도 해 보기 전에는 ________________.

3) 가: 어제 뉴스 봤어요? 인터넷에 잘못된 정보도 많이 있다면서요?

나: ________________.

4) 가: 아이들한테 인터넷 게임의 부작용이 아주 심하다면서요?

나: ________________.

5) 가: 인터넷 쇼핑을 해 보니까 어때요?

나: ________________.

6) 가: 인터넷에서 영화표를 예매해 보니까 편리하죠?

나: ________________.

5. '-었/았던' 을 넣어서 다음 질문에 답하세요.

1) 가: 아까 같이 봤던 동영상은 언제 찍은 거예요?

나: ________________.

2) 가: 어제 길에서 만났던 사람이 누구였어요?

나: ________________.

3) 가: 어제 점심에 우리가 먹었던 음식이 뭐였어요? 정말 맛있었는데…….

나: ________________.

4) 가: 이제까지 봤던 영화 중에서 가장 감동적인 영화가 뭐였어요?

나: ________________.

5) 가: 지금까지 받았던 선물 중에 가장 기억에 남는 선물이 뭐였어요?

나: ________________.

6) 가: 작년 여름에 우리가 갔던 곳이 어디였죠? 경치가 참 멋있었는데…….

나: ________________.

6. **다음과 같이 '-었/았던' 을 넣어 문장을 바꾸어 보세요.**

> 방학에 친구가 고향에 돌아갔다 (한국에 돌아왔다)
> → 방학에 고향에 **돌아갔던** 친구가 한국에 돌아왔어요.

1) 예전에는 나는 컴퓨터를 켜지도 못 했다 (이제는 이메일도 보낼 수 있다)

→ ______________________________

2) 처음에는 나는 매운 음식을 잘 못 먹었다 (이제는 잘 먹게 되었다)

→ ______________________________

3) 어렸을 때 동생은 키가 작았다 (지금은 농구선수만큼 크다)

→ ______________________________

4) 한국에 오기 전에 나는 한국말을 전혀 못했다 (지금은 한국 사람처럼 잘 한다)

→ ______________________________

7. **'-(으)ㄹ 줄 알았다/몰랐다' 를 활용하여 한국생활(한국사람, 한국음식, 한국말……)에서 예상한 것과 예상하지 못한 것에 대해서 쓰세요.**

나는 한국 생활이

8. **'-었/았던, -(으)ㄹ 줄 몰랐다' 를 활용하여 인터넷으로 본 영화나 드라마에 대해서 대화문을 만드세요.**

가:
나:
가:
나:

9. 다음에서 한 가지 주제를 선택하고 배운 단어와 문법을 사용해 글을 쓰세요.

1) 컴퓨터가 있어서 좋은 점과 안 좋은 점
2) 유용한 인터넷 사이트 소개

제14과 일기예보 〈1〉

이름 : ________________

1. 다음에서 알맞은 단어를 골라 빈칸에 쓰세요.

햇볕	습도	파도	산불	태풍	확률

1) 일기예보를 보니까 내일 비가 올 ________ 80%래요.
2) 요즘처럼 ________ 뜨거울 때에는 양산을 쓰도록 하세요.
3) 바다의 ________ 높아서 유람선이 다닐 수 없다고 하네요.
4) 여름철에는 기온이 높은 데다가 ________ 높아서 땀이 많이 난다.
5) 겨울에는 날씨가 건조해져서 전국적으로 ________ 많이 일어난다.
6) ________ 불 때에는 비바람이 하도 세서 우산을 써도 소용이 없다.

2. 다음에서 알맞은 단어를 골라 빈칸에 쓰세요.

선선하다	포근하다	화창하다	쌀쌀하다	건조하다	변덕스럽다

1) 오랜만에 해가 나와서 날씨가 맑고 __________.
2) 겨울이지만 오늘처럼 __________ 날은 춥지도 않고 좋다.
3) 갑자기 기온이 내려가고 ____________ 보일러를 켜야겠어요.
4) 날씨가 덥지도 않고 춥지도 않고 __________ 가을을 좋아해요.
5) 요즘 날씨는 비가 왔다가 맑았다가 ____________ 날씨가 계속 돼요.

3. 다음은 어떤 날씨인지 설명하세요.

1) 개다: ____
2) 그치다: ____
3) 풀리다: ____

4. '-던가요? / 던데요' 를 넣어서 다음 대화를 완성하세요.

1) 가: 조셉 씨가 ____?
   나: 네. 한국말을 정말 잘 하던데요. 아버지가 한국 사람이어서 그런가 봐요.
2) 가: 오늘 일기예보에서 안개가 많이 낀다고 했는데 정말 그렇던가요?
   나: 네. 앞이 하나도 안 보일 만큼 ________________________.
3) 가: 어제 영화를 봤다면서요? 볼 만하던가요?
   나: ____.
4) 가: 한국에 산 지 일 년이 넘었죠? 살아 보니까 뭐가 가장 힘들던가요?
   나: ____.
5) 가: 한국 음식 중에서 어떤 음식이 ________________________?
   나: ____.
6) 가: 한국어를 공부해 보니까 무엇이 ________________________?
   나: ____.

5. '-(으)ㄹ래요?/-(으)ㄹ래요' 를 넣어서 다음 대화를 완성하세요.

1) 가: 대청소를 해야 하는데 누가 욕실을 청소할래요?
   나: 제가 ____.
2) 가: 내일 일찍 출발해야 하는데 몇 시에 올래요?
   나: 아침에 일어나자마자 ________________________________.
3) 가: 내가 요리를 할 테니까 너는 설거지를 할래?
   나: 싫어. ____.
4) 가: 영화 보러 갈래요, 비디오를 빌려다가 볼래요?
   나: ____.
5) 가: 이번 여름휴가는 산으로 ______________, 바다로 ______________?
   나: ____.
6) 가: 날씨도 화창한데 ________________, ________________?
   나: 아니. 나는 그냥 ________________________________.

6. '-(으)ㄹ래요?/-(으)ㄹ래요'를 넣어서 다음 질문에 답하세요.

1) 가: 지금 식사하러 나가는 길인데 같이 갈래요?

나: 좋아요. ______________________________.

2) 가: 주말에 영화를 볼까 하는데 같이 보러 갈래?

나: 그래. ______________________________.

3) 가: 오랜만에 날씨가 풀려서 포근해졌는데, 같이 농구 할래?

나: 미안해, 난 ______________________________.

4) 가: 다음 주가 시험인데 같이 도서관에 가서 공부할래요?

나: 도서관에 자리가 없을 테니까 ______________________________.

7. '-던가요?/-던데요'를 활용하여 여행 다녀온 친구와의 대화문을 만드세요.

가:
나:
가:
나:

8. 가장 좋아하는 날씨를 쓰고, 다음 문형을 넣어서 친구에게 어떤 일을 함께 하자고 하는 대화문을 만드세요.

날씨 (　　　　)	가:
	나:
-(으)ㄴ/는데 -(으)ㄹ래요?	가:
	나:
	가:
	나:

9. 다음에서 한 가지 주제를 선택하고 배운 단어와 문법을 사용해 글을 쓰세요.

1) 날씨에 대한 옛날 이야기
2) 날씨와 관련된 재미있었던 이야기

제14과 일기예보 〈2〉

이름 : ________________

1. 다음에서 알맞은 단어를 골라 빈칸에 쓰세요.

꽃샘추위	폭설	황사	장마	영상	영하

1) 겨울에 강원도 지방은 ____________ 길이 자주 막힙니다.
2) 봄인데도 ____________ 겨울옷을 계속 입을 수밖에 없어요.
3) 일기예보에서 ____________ 심하니까 마스크를 쓰라고 하던데요.
4) 6월말부터 한 달 동안 비가 계속 오는 것을 ______________.
5) 환절기가 시작되면서 아침 기온은 ______________ 떨어져서 춥겠습니다. 하지만 오후에는 날씨가 풀리고 기온이 ______________ 올라가겠습니다.

2. 다음에서 알맞은 단어를 골라 빈칸에 쓰세요.

기온이 떨어지다	기온이 올라가다	예상되다	계속되다

1) 꽃샘추위가 지나가면 날씨가 풀리고 ________________.
2) 오늘 추위 때문에 힘드셨죠? 그런데 내일도 추위가 ________________.
3) 오늘의 서울 날씨는 대체로 맑고 포근할 것으로 ________________.
4) 내일부터 ____________ 추워질 테니까 옷을 두껍게 입도록 하세요.

3. 다음 단어와 표현을 넣어서 문장을 만들어 보세요.

1) 무더위: ______________________________
2) 비 올 확률: ______________________________
3) 홍수가 나다: ______________________________
4) 일교차가 심하다: ______________________________
5) 최저/ 최고기온: ______________________________

4. '-(으)ㄴ/는데도'를 넣어서 다음 질문에 답하세요.

1) 가: 웬일로 정장을 입고 왔어요? 불편하지 않아요?
   나: 오늘 면접시험이 있어서 ____________________.
2) 가: 병원에 오래 다녔는데 아직도 위가 안 좋아요?
   나: 병원에 오래 ____________________.
3) 가: 성수 씨가 어제 일하느라고 회사에서 밤을 새웠대요. 좀 도와주지 그랬어요?
   나: 제가 ____________________.
4) 가: 이번에 공부를 열심히 했다면서요? 시험 성적은 어때요?
   나: ____________________ 성적이 오르지 않아서 속상해요.
5) 가: 왕강 씨가 비를 맞으면서 집에 가네요. 우산이 없나 봐요.
   나: ____________________.
6) 가: 요즘에 왜 이렇게 비가 많이 오죠? 벌써 장마철인가 봐요.
   나: ____________________.

5. '-다/라/자/냐고 하던데요'를 넣어서 '한솔'이 되어 질문에 답하세요.

일기예보: 오늘은 꽃샘추위로 춥겠지만 주말인 내일부터는 포근해지겠습니다.
주말에는 가까운 곳으로 나가셔서 봄을 느껴보시기 바랍니다.
제　니: 이번 주말에 뭐 하세요?
은　영: 일요일에 언니 결혼식이 있어서 좀 바빠요.
한　솔: 저는 방학 중인데다가 약속도 없어서 한가해요.
제　니: 일기예보에서 주말 날씨가 좋다고 하는데 같이 동물원에 갈래요?
한　솔: 좋아요. 갑시다!

1) 일기예보에서 뭐라고 하던가요?
   → ① ____________________
   → ② ____________________
2) 은영 씨가 뭐라고 하던가요?
   → ____________________
3) 제니 씨가 뭐라고 하던가요?
   → ① ____________________
   → ② ____________________

6. 다음과 같이 '-(으)ㄴ/는데도'를 넣어 문장을 완성하세요.

> 많이 **먹는데도** 살이 찌지 않아서 좋겠어요.

1) ______________________ 음식이 짜요.
2) ______________________ 학교에 왔어요.
3) ______________________ 수업 시간에 졸려요.
4) ______________________ 항상 웃으면서 다녀요.
5) ______________________ 아직도 길을 잘 몰라요.

7. 다음 문형을 활용하여 다른 사람의 이야기를 듣고 어떤 생각을 했는지 쓰세요.

> **-다/라/자고 하던데 ~**

8. 다음 문형을 활용하여 계절에 맞는 않는 이상한 날씨에 대해서 쓰세요.

> **-(으)ㄴ/는데도 -었/았는데도 -지 않았는데도**

9. 다음에서 한 가지 주제를 선택하고 배운 단어와 문법을 사용해 글을 쓰세요.

1) 교과서의 기상도를 보고 일기예보 쓰기
2) 오늘과 내일의 서울 지방 일기예보 쓰기

제15과 예절 〈1〉

이름 : ____________

1. 다음은 누구입니까? 골라서 쓰세요.

윗사람	아랫사람	상대방	노약자

1) 할아버지, 할머니나 몸이 불편한 사람 (　　　)
2) 어떤 일을 하거나 말을 할 때 짝이 되는 사람 (　　　)
3) 나이가 적거나 직장에서 나보다 낮은 자리에 있는 사람 (　　　)
4) 나이가 많거나 직장에서 나보다 높은 자리에 있는 사람 (　　　)

2. 다음에서 알맞은 단어를 골라 빈칸에 쓰세요.

거만하다	예의가 없다	예의가 바르다	겸손하다

1) 어른들을 보면 인사를 잘하는 사람은 __________ 사람이에요.
2) 처음 보는 사람에게도 반말을 하는 사람은 __________ 사람이에요.
3) 자기 자랑을 안 하고 항상 자기를 낮추는 사람은 __________ 사람이에요.
4) 자기가 잘났다고 생각하면서 자기 이야기만 하면 __________ 사람이에요.

3. 다음 단어를 높임말로 바꿔 쓰세요.

1) 밥 (　　　)　　2) 술 (　　　)
3) 딸 (　　　)　　4) 아들 (　　　)
5) 아프다 (　　　)　　6) 물어보다 (　　　)
7) 데리고 가다 (　　　)　　8) (밥을) 먹다 (　　　)

4. '-조차'를 넣어서 다음 질문에 답하세요.

1) 가: 조셉 씨는 이제 한국어로 보고서를 잘 쓴다면서요? (인사)
   나: 정말요? 처음에는 ________________________________.
2) 가: 제가 부탁한 일은 언제쯤 끝낼 수 있을 것 같아요? (시작)
   나: 갑자기 다른 일이 생겨서 아직 ________________________.
3) 가: 옛날 초등학교 때 우리를 가르쳐 주셨던 선생님 생각나니? (이름)
   나: 너무 오래 전 일이라서 ________________________.
4) 가: 대학교에 들어가면 장학금을 받을 수 있을 것 같아요? (합격)
   나: ____.
5) 가: 다음 달에 결혼한다고 하던데 진짜예요?
   나: 웬 결혼요? ________________________________.
6) 가: 점심시간이 지났는데 밥은 먹고 일하는 거야?
   나: ____.

5. '얼마나 -(으)ㄴ/는데요'를 넣어서 다음 대화를 완성하세요.

1) 가: 다른 나라에서도 한국드라마를 많이 본다고 하던데 정말인가요?
   나: 그럼요. ________________________________.
2) 가: 왕강 씨가 이번 학기에는 지각을 하지 않는다면서요?
   나: 네. ____.
3) 가: 이번에 새로 오신 선생님은 좀 무서운 것 같아요.
   나: 아니에요. ________________________________.
4) 가: 아직도 이 문제를 못 풀었어? 정말 쉬운 문제잖아.
   나: 쉽다고? ________________________________.
5) 가: 왜 이렇게 조금 드세요? 더 드시지 그래요?
   나: 아니에요. ________________________________.
6) 가: 한국사람들은 예절을 잘 지킨다고 하던데 정말 그런가요?
   나: 물론이죠. ________________________________.

6. 다음을 윗사람에게 말할 때는 어떻게 해야 하는지 쓰세요.

	아랫사람에게	윗사람에게
1	밥 먹었어요?	
2	이름을 물어봐도 돼요?	
3	어디가 아파요?	
4	술을 좋아해요?	
5	아들이 무슨 일을 해요?	

7. 예의가 없는 사람은 어떤 사람이에요? 여러분은 예의가 없는 사람을 어떻게 생각하세요? '-조차 -던데요, -조차 -(으)ㄹ걸요'를 활용하여 쓰세요.

예의가 없는 사람은

8. '얼마나 -(으)ㄴ/는데요'를 활용하여 친구를 소개하는 글을 쓰세요.

제 친구___________씨는

9. 다음에서 한 가지 주제를 선택하고 배운 단어와 문법을 사용해 글을 쓰세요.

1) 한국 예절을 몰라서 실수한 이야기
2) 내가 배운 한국 예절 소개

제15과 예절 〈2〉

이름 : ______________

1. 다음에서 알맞은 단어를 골라 빈칸에 쓰세요.

전통	현대	동양	서양	존댓말	실례

1) 제 친구는 이번에 한복을 입고 ____________ 결혼식을 올렸어요.
2) 옛날부터 내려오던 전통 문화들이 ____________ 많이 사라졌다.
3) 어른께 물건을 드릴 때 두 손으로 드리는 것은 ____________ 예절이다.
4) 한국의 어른들은 스테이크나 파스타 같은 ____________ 음식을 별로 안 좋아하신다.
5) 지하철에서 내리는 사람보다 먼저 타는 것은 ____________ 되는 행동이다.
6) 외국인이 한국말을 배울 때 어려워하는 것 중의 하나가 ____________.

2. 다음 동사를 활용해서 상황에 맞는 인사말을 쓰세요.

차리다	낫다	일어나다	드시다

1) "빨리 ____________ 바랍니다."
2) "죄송하지만 먼저 ____________."
3) "뭘 이렇게 많이 ____________."
4) "차린 건 없지만 많이 ____________."

3. 다음 단어와 표현을 넣어서 문장을 만들어 보세요.

1) 까다롭다: ____________
2) 당황하다: ____________
3) 악수하다: ____________
4) 예절에 맞다: ____________
5) 음식을 차리다: ____________

4. '~ 못지않게' 를 넣어서 다음 대화를 완성하세요.

1) 가: 직장을 구할 때는 월급이 얼마인지가 제일 중요하다고 생각해요.

나: 하지만 적성도 ______________________________ 중요하지요.

2) 가: 카메라를 안 가지고 왔는데 휴대 전화로 사진을 찍어도 잘 나올까?

나: 요즘 휴대 전화는 ______________________________.

3) 가: 한국어가 영어보다는 공부하기가 쉽지?

나: 무슨 소리야? ______________________________.

4) 가: 지하철이 버스보다는 당연히 빠르겠지?

나: ______________________________.

5) 가: 평일에는 바쁠 테니까 주말에 만나는 게 어때요?

나: ______________________________.

6) 가: 왕강 씨는 야채보다 고기를 더 좋아하시나 봐요.

나: ______________________________.

5. '-(이)라고 해서' 를 넣어서 다음 대화를 완성하세요.

1) 가: 광고에 나온 말은 다 진짜인 것 같아요.

나: 아니지요. ______________________________

2) 가: 그 사람은 장학생이어서 그런지 항상 공부만 해요.

나: 아닐 걸요. ______________________________

3) 가: 한국 사람들은 모두 매운 음식을 좋아하지요?

나: ______________________________

4) 가: 명절 때에는 모든 가게들이 문을 닫는다면서요?

나: ______________________________

5) 가: 장마철에는 항상 비가 오는 줄 알았는데 오늘은 비가 안 오네요.

나: ______________________________

6) 가: 영화배우들은 전부 예쁘고 날씬한 것 같아요.

나: ______________________________

6. '-ㄴ/는다고 해서'를 넣어서 다음 대화를 완성하세요.

1) 가: 입맛이 까다로운 사람들은 비싼 음식만 좋아해요.
   나: ______________________________.
2) 가: 시장에서 파는 물건들은 다 품질이 안 좋아요.
   나: ______________________________.
3) 가: 열심히 공부했는데도 시험을 잘 못 봤어요.
   나: ______________________________.
4) 가: 많이 먹는데도 정말 날씬하시네요.
   나: ______________________________.

7. '~ 못지않게'를 사용해서 자기 자신이나 가족/친구/고향…을 자랑해 보세요.

저는 (제 친구는/제 고향은) ~ 못지않게

8. 한국에 오기 전에 들었던 한국에 대한 이야기를 쓰고, 확인한 결과를 '-(이)라고 해서, -ㄴ/는다고 해서'를 활용해서 써 보세요.

1	들은 것	
	확인한 것	
2	들은 것	
	확인한 것	
3	들은 것	
	확인한 것	

9. 다음에서 한 가지 주제를 선택하고 배운 단어와 문법을 사용해 글을 쓰세요.

1) 우리나라와 한국의 예절 비교
2) 한국 예절에 대한 나의 생각

집필

—

이유미
현 한양대학교 국제교육원 교수
문학박사, 이화여자대학교 대학원 영어영문학과
한양대학교 및 교육대학원 한국어교육 강의
《한양 한국어 1, 2, 5》(공저)

이영숙
현 한양대학교 국제교육원 교수
문학박사, 상명대학교 대학원 국어국문학과
국제한국어교육학회, 한국언어문화교육학회 연구이사
《한양 한국어 1, 2》(공저), 《한국어교육의 이해》(공저)

김정훈
현 한양대학교 국제교육원 교수
교육학박사, 한양대학교 대학원 교육공학과
《한양 한국어 1, 6》(공저), 《A+ 대학 한국어》(공저)

기획 안성호, 최성환
삽화 이교하
사진 안상필
번역 전유용, 사쿠라이노부히데, 톡소바야르
녹음 심민희, 안정호, 이주희, 이효, 김애리

한양 한국어 3

쓰기 연습

한양대학교 국제교육원 편

초판 1쇄 발행 2010년 5월 18일 **초판 5쇄 발행** 2018년 7월 30일
발행인 이영무 **발행처** 한양대학교출판부
주소 서울 성동구 왕십리로 222 **전화** 02.2220.1432-4 **팩스** 02.2220.1435
홈페이지 press.hanyang.ac.kr **이메일** presshy@hanyang.ac.kr
출판등록 제4-7호(1972.2.29) **인쇄** 네오프린텍

값 6,000원

ISBN 978.89.7218.375.4 (04710)
ISBN 978.89.7218.373.0 [세트]